El muro

PENÍNSULA ATALAYA

Lola García

El muro

El poder del Estado ante la crisis independentista

PENÍNSULA ATALAYA

Primera edición: septiembre de 2022

Prólogo: Pablo Simón, 2022

Ediciones Península,
Diagonal 662-664
08034 Barcelona
edicionespeninsula@planeta.es
www.edicionespeninsula.com

REALIZACIÓN PLANETA - fotocomposición
Depósito legal: B. 12.552-2022
ISBN: 978-84-1100-102-1

Para Arnau y Sofía

Allí donde la vida levanta muros, la inteligencia abre una salida.

MARCEL PROUST,
En busca del tiempo perdido

Per molt belles que siguin les superfícies no podem eliminar el desig de posseir ulls que travessin els murs del món per arribar a mirar dins de nosaltres.

RAFAEL ARGULLOL,
El caçador d'instants

ÍNDICE

Nota previa 11
Prólogo, por Pablo Simón 13
Preámbulo 21

1. Zapatero, el optimista que lo intentó 27
2. Rajoy, el impasible 49
3. Marchena: jueces en defensa de España 105
4. Sánchez, el camaleón de la política 143

Epílogo. Un reto para futuros líderes 219

NOTA PREVIA

Un año después de los convulsos acontecimientos políticos ocurridos en Cataluña en otoño de 2017, la editorial Península publicó mi libro *El naufragio: la deconstrucción del sueño independentista*, que pretendía ser una crónica de cómo se había llegado a esa situación. En aquel momento, abordé el asunto desde una mirada catalana. Era el independentismo el que había llevado la batuta y, por tanto, tocaba contemplar lo ocurrido sobre todo desde su perspectiva. Por falta de tiempo entonces, no fue posible hurgar en las motivaciones y los argumentos de quienes afrontaron esa crisis política desde Madrid. Pensé que algún colega periodista de la capital tomaría el relevo, pero el asunto pareció perder interés para ellos, así que, cinco años después, este libro indaga en ese flanco. A partir de entrevistas con los protagonistas de esos años, trataré de explicar cómo lo vieron desde la Moncloa o también desde el palacio de las Salesas, sede del Tribunal Supremo, es decir, desde dos de los poderes concernidos. No es una crónica exhaustiva de acontecimientos, sino que se recogen aquí pinceladas que explican por qué se tomaron determinadas decisiones y qué conclusiones extrajeron sus protagonistas de lo ocurrido durante el proceso independentista.

PRÓLOGO

Este libro está pensado para pinchar burbujas. El prisma desde el que se lee la realidad es el punto de partida para el diagnóstico y la praxis política. Esta idea ayuda mucho a entender el importante alejamiento que hay entre la realidad catalana y española o, para ser más precisos, entre sus operadores políticos y mediáticos. Obviamente, cualquier fenómeno social es más complejo de lo que se representa, pero se ha llegado a un punto en el que la diferencia va más allá de lo idiomático, es radicalmente conceptual. Basta con comprobar, desde que se inició el *procés*, qué han entendido unos u otros por *democracia*.

Quizá el valor más importante que tiene *El muro* es que se narra poniéndose en los ojos de Madrid, que no es necesariamente España. El libro está escrito desde la perspectiva de aquellos que tuvieron importantes responsabilidades, especialmente en lo político y lo judicial, en los decisivos años que van desde la sentencia del Estatut hasta el escándalo Pegasus. Recorre, por lo tanto, cinco años decisivos para la historia de Cataluña y de España, así como el salto cualitativo que ha tenido la tensión territorial en este periodo. Lejos de los plañidos de un libro orientado al «deber ser», este texto es un retrato en mármol sobre cómo pensaban aquellos que estaban al timón del país. Para un lector interesado, *El muro* descubre muchas de las interioridades y de los elementos personales que han marcado a los protagonistas.

En España la cuestión territorial lleva siendo uno de los grandes ejes de la política desde hace mucho tiempo. Que muchas veces se plantee su «solución» quizá sea la prueba más clara de que no se termina de asumir con normalidad que así sea. Nadie plantea la «solución» a las desavenencias entre izquierdas y derechas, pero sí a la «cuestión catalana». Por eso, quizá más interesante que pensar en lo territorial como algo que resolver, sea hacerlo en la noción de *equilibrio*. Un equilibrio en teoría de juegos es un punto de compromiso del cual, si alguien se desvía, sale perdiendo. Aunque el artículo 2 de la Constitución de 1978 reconoce, junto a la indisoluble unidad de la patria española, que había asimetrías en el deseo de autogobierno (de ahí lo de *nacionalidades* y *regiones*), lo relevante no es lo escrito, sino cómo los actores políticos del sistema lo fueron acomodando.

Durante los años ochenta y noventa el Estado de las autonomías se fue desplegando y se sustentó en una doble dinámica. De un lado, los partidos estatales, tanto Partido Popular (PP) como Partido Socialista Obrero Español (PSOE), fueron acomodándose a él y volviéndose, en grados diferentes, más heterogéneos en función de este nuevo mapa. Con matices, el PSOE de Zapatero podía sentar a la misma mesa a Maragall, Bono e Ibarra, del mismo modo que el PP del finado Casado lo tuvo que hacer con Ayuso, Moreno Bonilla y Feijóo. Dicho de otro modo, las tensiones territoriales atraviesan los partidos estatales y han funcionado como una caja de resonancia de estas, pero también de contención bajo la disciplina de las siglas.

Del otro lado, cuando el bipartidismo clásico no tenía mayoría absoluta se veía obligado a buscar en el Congreso el apoyo de los partidos nacionalistas catalanes y vascos, hegemónicos en sus comunidades autónomas. Esto forzaba al PSOE y PP, de nuevo también con matices, a tener posiciones más favorables a la descentralización, desde una primacía de estos dos territorios, pero obligándolos a transaccionar dada su dependencia parlamentaria. Un arma de doble filo generadora de agravios (recuérdese la cláusula Camps) que demuestra que en el debate español sigue siendo difícil distinguir entre diferencia y desigualdad.

Este equilibrio era imperfecto, pero era el que vertebraba las dinámicas territoriales en España todo el periodo previo al *procés*. El cambio de rasante que lo desbarata se suele poner en la sentencia del Estatut. Sin duda, no fue el único elemento que lo hizo, pero su saldo sería la descomposición de los dos grandes partidos que habían vertebrado Cataluña: Convergència i Unió (CiU) y el Partit dels Socialistes de Catalunya (PSC). Su merma electoral y su pérdida de transversalidad siguió el camino inverso al que había de ocurrir en Euskadi los años siguientes. Este hecho, Lola García ya lo contó de manera magistral en *El naufragio*,[1] así que no me extenderé en detalles sobre cómo las élites del *procés* fueron transformándose de políticos profesionales a activistas.

Sin embargo, sí merece la pena recalcar cómo desde la Gran Recesión de 2008 las preferencias por el modelo territorial cada vez divergieron más entre Cataluña y el conjunto del país. En la primera, crece la independencia como vía de salida ante un Estado que parece irreformable. En el conjunto de España, crece el apoyo al centralismo, mirándose con recelo un Estado de las autonomías que es visto como algo superfluo en un contexto de penalidades. La asimetría en el valor que se le da al autogobierno, alentado también desde las respectivas bancadas, empuja cada vez más a posiciones en las que no pue-

1. Barcelona, Península, 2018.

de haber compromiso. Los costes de desviarse del rumbo de colisión son cada vez más altos.

Cataluña suele ser el canario en la mina. Cada vez que hay cambios de calado en España suelen manifestarse allí con prontitud, y la crisis de representación política no fue una excepción. El *procés* también marcaría hasta cierto punto la eclosión del nuevo multipartidismo español. Curiosamente, los dos nuevos partidos que emergen en 2014 tienen una conexión con Cataluña. Ciudadanos por ser originario de esta comunidad como partido antinacionalista catalán y luego vendido como liberal-reformista a nivel estatal. Podemos por su conexión desacomplejada con la idea de plurinacionalidad e, incluso, su defensa inicial de un referéndum de autodeterminación.

En todo caso, el equilibrio ya estaba roto. Que el referéndum sea condición para formar Gobierno tendría en parte que ver con que se repitieran elecciones en 2016, con un PSOE que recelaba de Podemos, pero, sobre todo, que tenía como línea roja no pactar con los independentistas. Sánchez acabaría cayendo a manos de sus barones y rescatado a lomos de la militancia, pero en lo estructural nada se había movido. Mariano Rajoy continuaba en la Moncloa intentando desactivar al independentismo en una clave pujoliana que ya no funcionaba. La famosa hoja de ruta del *procés* establecía un automatismo imparable que apuntaba a rumbo de colisión. El reemplazo de Mas por Puigdemont demostraría hasta qué punto estaban errados los análisis que pensaban que la independencia era meramente una obsesión personal del *expresident* para tapar escándalos de corrupción.

Dicen los historiadores que en ocasiones concretas se producen *critical junctures*, momentos críticos, en los cuales el devenir de la historia está en manos de unas pocas personas, las cuales pueden marcar el destino de un país y achican el margen de maniobra futuro. Sin duda la gestión del 1-O y la declaración unilateral de independencia son dos de esos momentos. Lola García refleja en el libro de manera inmejorable aquellos días, aunque, como es el hilo conductor del libro, desde la percepción de los agentes madrileños. Particularmente reseñable es el relato que hace de la frenética actividad del Gobierno español por cortocircuitar cualquier apoyo internacional a un referéndum cuyas imágenes de cargas policiales en colegios electorales darían la vuelta al mundo. Es el momento de la «independencia de Schrödinger», que es y no es al mismo tiempo, así como de la activación del resorte judicial como última «línea de defensa del Estado» (sic).

El libro nos lleva también por dos historias complementarias, pero fundamentales. De un lado, a la guerra sucia contra el independentismo. Lola García desnuda las interioridades de las llamadas «cloacas del Estado», con la sórdida pero omnipresente figura de Villarejo. *El muro* ofrece una visión ordenada de esta realidad, la cual, por desgracia, ha sido asumida con excesiva normalidad por la opinión pública española. Del otro lado, también se refleja en el libro el papel jugado por la Judicatura. Merece particularmente la pena el relato de las filias y fobias entre aquellos que habrían de ser claves durante todo este proceso. Sabemos que los jueces no son máquinas y al hacerse explícitos estos elementos el libro cobra un valor especial.

El impacto político de la sentencia del *procés*, la investidura de Pedro Sánchez y los posteriores indultos también son tratados de manera muy minuciosa. De nuevo, la mirada de *El muro* nos ilumina esos eventos desde los mentideros de la capital. Los vaivenes de Sánchez y el vértigo en cada paso en relación con este tema se reflejan de manera muy clara. Una vez más, Lola García da en el clavo cuando vuelve a hablar de las diferentes mayorías y lecturas de la propia sentencia. Desproporcionada y favorable a los indultos en la opinión pública catalana; incluso demasiado blanda y contraria a cualquier medida de gracia en la española. Este es el clima en el que el *procés* empieza a tener una pista de aterrizaje dejando por el camino a muchos de sus protagonistas.

La mesa de diálogo entre los Gobiernos tiene, en cualquier caso, la virtud de haber ganado tiempo para todos los implicados. Diferente es que haya un desacuerdo casi genético en lo que se espera de ella, pero supone el primer intento de rozarse (si es que ayuda al cariño). También es cierto que el devenir de la legislatura en España tendrá un impacto muy relevante sobre lo que pueda generarse de ella a medio plazo, aunque hay que comentar que el surgimiento de un nuevo actor en España ha puesto un candado a cualquier intento de reforma institucional sobre esta cuestión. Me refiero, evidentemente, a Vox.

Este partido es, en gran medida, hijo de las tensiones territoriales en España y ha cambiado las coordenadas del debate. Es más, ha provocado que en términos electorales se haya solapado más que nunca la identificación centralismo-derecha y descentralización-izquierda. Algo que además genera la paradoja de que, aunque el Gobierno de coalición sea el único que puede entenderse con los partidos nacionalistas catalanes y vascos, también hace que la derecha sea más fuerte en el interior de España, justo donde los escaños son más baratos. La crisis constitucional de 2017, que no fue inevitable, ha dejado una profunda cicatriz y el ibuprofeno desinflama, pero no sana.

Quizá lo peor que tenemos los científicos sociales es que al analizar el presente y buscar regularidades empíricas en el pasado pecamos de falta de imaginación ¿Se puede alcanzar un nuevo equilibrio territorial? No tengo una respuesta ni siquiera parcial. Sin embargo, este libro es un paso en la buena dirección. *El muro* es un esfuerzo por pinchar esas burbujas comunicativas que retroalimentan la incomprensión. Si la lectura de este texto ayuda a avanzar algo en un diagnóstico compartido sobre la cuestión, habrá merecido la pena.

Terminar solo con una pequeña mención a la autora. Es complicado encontrar una periodista más rigurosa y profesional que Lola García, pero si tuviera que elegir un solo adjetivo para definir tanto este libro como su trabajo, optaría por el de mesura. En tiempos sobreactuados como los presentes, cuando hay una devaluación a ojos vista del debate público, Lola se eleva sobre el resto con una prosa desnuda y pegada a los hechos. Leer sus columnas e informaciones es muy nutritivo, porque, sin estridencias, siempre aportan. A diferencia de la libertad de expresión, el derecho a ser escuchado es algo que hay que ganarse cada día. Sirva este libro como la constatación de por qué Lola García es una de las periodistas que se lo ha ganado con creces.

Pablo Simón

PREÁMBULO

«Don Mariano» recibe el saludo afectuoso de todo el personal con el que se va cruzando cuando entra en el edificio de la Castellana donde está el Registro Mercantil y donde el expresidente del Gobierno dispone de un cubículo con una sobria mesa de trabajo y una estantería con fotos familiares y de su paso por la política. Nada más salir del Gobierno, Mariano Rajoy pidió su reingreso en la Administración como registrador de la propiedad, tarea que abandonó cuando era joven para meterse en política. La suya en el despacho del Registro Mercantil es la estampa del funcionario gris. Cualquiera diría que se trata de un Bartleby, el escribiente del cuento de Herman Melville, que trabaja con diligencia hasta que, de repente, un día responde a su jefe con un «preferiría no hacerlo». En el cuento, la fórmula se repite cada vez con más frecuencia. El hombre no se rebela ni se enfada ni se queja, simplemente va cayendo en la indiferencia, se desentiende de todo cuanto ocurre a su alrededor, hasta que prácticamente desaparece. No es que Rajoy sea un Bartleby, entiéndase bien, pero la suya es una actitud que, de tan átona y pragmática, rebosa conformismo. Es fácil imaginar que, en más de una ocasión durante su paso por la presidencia del Gobierno, el político gallego ha soltado un «preferiría no hacerlo» casi inconsciente. Solo que en su caso no se trata de la respuesta a su jefe. Él era el jefe.

No es en el Registro Mercantil donde Rajoy suele desarrollar su actividad después de la política de primera línea, sino en un despacho de la calle Goya. Allí, su secretaria maneja la agenda del expresidente, que en los últimos tiempos ha incluido presentaciones por toda la geografía española de los dos libros que ha escrito. Si una frase ha repetido Rajoy a lo largo de sus años dedicados a la cosa pública es «sentido común» y si con un adjetivo se ha definido hasta la saciedad ha sido *previsible*. A Rajoy nunca le han insultado por la calle ni en un restaurante o espacio público desde que la moción de censura liderada por Pedro Sánchez le desalojó del poder. No es el caso de otro expresidente, José Luis Rodríguez Zapatero, que ocupa un despacho en la Fundación Pablo Iglesias, en la calle Ferraz. Al exlíder socialista, de vez en cuando, le sueltan algún improperio cuando se mueve por la capital, aunque eso no ha hecho mella en su célebre «optimismo antropológico», que sus detractores asimilan a la inconsciencia.

Zapatero también ha escrito algún libro, pero a diferencia de Rajoy, que se centra en la narrativa política, él disfruta más con la literatura y se ha atrevido a disertar sobre su escritor favorito, Jorge Luis Borges. Si una palabra repite Zapatero, tanto cuando habla sobre poesía como cuando se refiere a la política, es *pasión*. Ese fervor por la literatura de Borges y por la política, que él vive con intensidad, le lleva a tratar de justificar su devoción por el escritor argentino a pesar del apoyo que este dio a la dictadura de su país y a Pinochet, que su admirador atribuye a un antiperonismo irredento. «Borges situó la emoción y lo que nos conmueve como el origen y el destino de lo imperecedero», escribe el político socialista. *Pasión*, *emoción*... son, por tanto, términos que salpican con frecuencia su vocabulario, en las antípodas del empleado por el pudoroso Rajoy.

Cuando escribo estas líneas corre mediados de 2022 y Pedro Sánchez aún reside en la Moncloa, una burbuja aislada, donde el entorno ajardinado amortigua cualquier ruido, sea físico o político. Si algo caracteriza a este presidente es el instinto. Desde que plantara cara al *establishment* del PSOE, ha sido definido por su capacidad de supervivencia, cualidad que él ha ido cultivando con cierta afición a salvar el pellejo justo cuando parece que va a caer por el abismo. «Desde el principio tuve esa incómoda sensación de intruso», confiesa Sánchez sobre la élite socialista en su libro *Manual de resistencia*.[1] La desconfianza ha marcado sus relaciones políticas. De ahí que la mayoría de sus interlocutores le consideren una persona fría y calculadora, capaz de desprenderse de quien sea para conseguir sus objetivos. No en vano, Sánchez es el presidente que más difícil lo ha tenido para llegar a la Moncloa y para aguantar en ella. Le ha costado conseguir los apoyos en su propio partido y por parte de las formaciones de la oposición para ser presidente, así que en su lenguaje no faltan conceptos como *impulso*, *energía* o *empuje*. Pero si hay una cualidad que le define es que Sánchez es un político eminentemente práctico. Mucho menos idealista que Zapatero, aunque este ejerza cierta influencia en él, ya que han forjado una buena relación, algo inhabitual entre quienes han detentado tanto poder dentro de un mismo partido en diferentes épocas.

El paso por la historia de los tres políticos está marcado por su relación con Cataluña, porque durante sus mandatos germinaron, se desarrollaron y culminaron los acontecimientos que llevaron a una declaración unilateral de independencia en 2017. Felipe González o José María Aznar forjaron alianzas con el nacionalismo catalán obligados por la aritmética parlamentaria. Ambos ofrecieron a CiU participar de la gobernabilidad de España desde el Consejo de Ministros. Incluso el segundo llegó a plantear a Jordi Pujol que el nacionalismo ca-

1. Barcelona, Península, 2019.

talán ocupara tres sillas en su Ejecutivo. Sin embargo, el periodo que va desde la reforma del Estatut hasta la ruptura que supusieron los hechos de otoño de 2017 pusieron a prueba a los sucesivos inquilinos de la Moncloa. Una parte de la huella que han dejado las presidencias de Zapatero, Rajoy y Sánchez tras de sí está vinculada a la forma como abordaron la relación con las instituciones catalanas, con las que ninguno de ellos logró trenzar un compromiso de cooperación leal y estable. Cada uno cree que lo intentó hasta donde le era posible llegar en su momento, pero los tres desistieron, hastiados, de la búsqueda de una solución de fondo. ¿Por qué?

Esta es la cuestión que trata de plantear este libro. No busca analizar los orígenes históricos del conflicto catalán, ni pretende ser un repaso exhaustivo de lo que se hizo o lo que se dejó de hacer. Es una aproximación a cómo se ha visto el proceso independentista que ha marcado la política catalana de los últimos años desde la perspectiva del poder central. No solo desde la Moncloa, también desde algunas de las altas instancias judiciales. Se trata de reflejar las impresiones, motivaciones y conclusiones de algunos de sus protagonistas, que sirven para entender por qué se han mantenido tan elevados niveles de tensión política entre Cataluña y el resto de España, y quizá también un distanciamiento social cada vez mayor. Los diez años del proceso independentista se han narrado con detalle. Son innumerables los libros y artículos que describen con prolija minuciosidad el desarrollo de ese episodio histórico que zambulló a la mitad de la sociedad catalana en el convencimiento de que la secesión era posible e incluso inminente, mientras que la otra mitad se sumía en el temor y la indignación ante lo que proponían sus gobernantes. Pero apenas existe literatura similar sobre cómo se vio ese proceso desde Madrid. Quizá no haya que rebuscar en tesis muy sofisticadas para saber el motivo: simplemente no interesa.

No interesa, a pesar de que la cuestión territorial es uno de los nudos gordianos que la democracia española sigue sin desatar. Es la principal falla en la arquitectura del Estado español, la eterna asignatura pendiente de la Transición. Las incomprensiones mutuas, las deslealtades, los intereses partidistas, la negación de la evidencia en muchas ocasiones, pero sobre todo las emociones a flor de piel han impedido que se aborde la relación de Cataluña con el resto de España con un mínimo de racionalidad y voluntad real de solución, aunque solo sea para un determinado periodo de tiempo. Cataluña vive siempre mirando a Madrid, a veces con irritación, otras con envidia, con fascinación incluso, con desprecio y prepotencia en ocasiones. Desde el centro se observa a Cataluña solo de forma intermitente, con una mueca de incordio ante una molestia crónica que aparece de tanto en tanto para hacernos pasar una mala noche o con una admiración impostada hacia los tópicos que adornan el carácter pretendidamente emprendedor de los catalanes o la belleza de la ciudad de Barcelona. Desde Cataluña se repite el «no nos entienden», mientras desde Madrid se insiste en que «no hay quien los entienda».

En las relaciones entre Cataluña y el resto de España se ha instalado un muro difícil de derribar. Los independentistas querrían convertirlo en la frontera de un país soberano. Los españolistas se empeñan en levantar una pared cuanto más recia, mejor, para aniquilar cualquier intento de ampliar el autogobierno catalán. Algunos tratan de aprovechar los resquicios del muro para entrar y salir de un lado a otro. Un muro fabricado de ladrillos de incomprensión, en el que escasea la masilla de la generosidad. ¿Por qué han fracasado los últimos intentos de afrontar este problema? Lo han intentado, cada uno a su manera, todos los presidentes de la democracia. Y no parece que el actual vaya a ser el último. Este libro trata de aproximarse a los razonamientos de algunos de esos protagonistas políticos (Zapatero, Rajoy, Sánchez...) y del mundo judicial (el juez Marchena, el fiscal Zaragoza) para que cada lector intente responder a algunas de esas preguntas como considere oportuno.

I

ZAPATERO, EL OPTIMISTA QUE LO INTENTÓ

Con el Gobierno de coalición entre el PSOE y UP ya en marcha, José Luis Rodríguez Zapatero camina un día en dirección al despacho de la Fundación Pablo Iglesias, en la calle Ferraz de Madrid, cuando se topa con una señora que le comenta:

—¡Ay! ¡Y creíamos que usted era lo peor que nos había pasado!

El expresidente lo cuenta como si narrara una travesura, como si la conclusión fuera encogerse de hombros y admitir algo así como «este país es así...». Lo cierto es que ese es de los comentarios críticos expresados con más afabilidad que puede recibir el expresidente socialista si pasea por Madrid. Desde la llegada del Gobierno progresista, algunos dirigentes muy identificados con el PSOE reciben ese tipo de improperios cuando se mueven por la capital. Le pasa, por ejemplo, a José Luis Ábalos durante su etapa como ministro de Fomento. También hay ciudadanos que se acercan para hacerse una foto o dar ánimos, como siempre ha ocurrido, pero ya no son la inmensa mayoría.

Con una diferencia de pocas semanas respecto a la escena narrada, Zapatero acude a Barcelona para presentar un pequeño libro que ha escrito sobre la obra de Jorge Luis Borges. El encuentro tiene lugar en el salón de actos del Ateneu Barcelonès. Le ha invitado Isona Passola, cineasta, presidenta de la entidad y personalidad declaradamente independentista. De hecho, durante la presentación del libro, ella derrocha elogios y agradecimientos hacia Zapatero, pero le recuerda, de pasada, que existe la «represión» del Estado, puesto que «el *president* Carles Puigdemont continúa exiliado» en Bélgica. Su invitado sigue sonriendo, no tuerce el gesto ni deja traslucir ninguna incomodidad, aunque no comparta esa opinión. Sin duda, se siente a gusto en Barcelona.

Zapatero, vallisoletano de nacimiento y leonés de adopción, es el presidente que más ha tratado de entender el sentimiento identitario catalán. No llegó a la secretaría general del PSOE con esta cuestión entre sus prioridades, ni mucho menos. De hecho, en su discurso ante el congreso del partido en el que se hizo con el mando no deslizó ni una sola mención al modelo territorial del Estado. Señal de que ya percibía que eso no le ayudaría a salir elegido. Pero tampoco es cierto que Zapatero se dejara deslumbrar por Pasqual Maragall y abrazara de repente sus tesis, siguiendo a ciegas al carismático líder del PSC, como a veces se ha tratado de presentar de una manera simplista. Al contrario, el expresidente del Gobierno ya había reflexionado sobre el armazón territorial de España desde la época en que estudiaba Derecho. Así lo explicaba uno de sus amigos más íntimos, José Antonio Alonso, Toño, que le acompañó desde la infancia en León y que luego se convertiría en su ministro del Interior y de Defensa. Su amistad perduró hasta que Alonso falleció de un cáncer con cincuenta y siete años, una pérdida muy dolorosa para Zapatero. Cuando él era un simple diputado del PSOE, Toño aseguraba que el futuro presidente del Gobierno veía con especial sensibilidad la diversidad cultural, social y política de España, y que incluso se había forjado una idea de cómo debería encauzarse.

Alonso contaba que, siendo estudiante, Zapatero se vio muy influenciado por Anselmo Carretero, socialista castellanoleonés, que defendía que España era una «nación de naciones». Zapatero es un obseso de la política. De hecho, es un político que salpica sus frases con muestras de entusiasmo hacia la literatura, hacia su esposa Sonsoles o, siempre, hacia la política, actividad que lleva en las venas desde muy joven. Escribió su tesina universitaria cuando ya era secretario general de las Juventudes Socialistas de León. El trabajo se tituló «Un modelo de autonomía política: Castilla y León», y fue tutelado por el profesor Manuel García Álvarez, quien también remitía al pensamiento de Carretero. En esa tesina, Zapatero defendía la Constitución, pero también subrayaba que esta es lo suficientemente flexible como para dar cabida a diferentes modelos de autonomía política que faciliten la convivencia de los pueblos que la integran. Así que la influencia de Maragall, que efectivamente existió, fue a caer en terreno abonado. Por ejemplo, Zapatero incorporó muy pronto la expresión «España plural» en sus discursos y en los documentos del PSOE, una fórmula que Maragall venía empleando con profusión al menos desde una conferencia que pronunció en el Club Siglo XXI de Madrid en 2001.

El devenir político de Zapatero y el de Maragall confluyen de manera determinante. El que fuera alcalde de la Barcelona olímpica presenta en marzo de 2003 un documento titulado *Bases para el Estatuto de Autonomía de Cataluña*. Es un año antes de que Zapatero llegue al poder. En ese texto, Maragall suscribe que «Cataluña es una nación que forma parte de la España plural reconocida por la Constitución». Defiende también una financiación que se vaya equiparando a la del País Vasco y Navarra, una bandera de la que después se apropiaría la Convergència de Artur Mas. Y, por último, pero no menos importante, puesto que se trata del frontispicio del pensamiento maragallista, el nuevo Estatut debe elaborarse con la «voluntad de generar una relación positiva y creativa con España». Equivocada o no, esa fue siempre su guía, aunque la realidad de la política llevó después esas intenciones por otros derroteros.

El flechazo entre Zapatero y Maragall cuando se conocieron fue inmediato. Visto con perspectiva, podría decirse que, de los dirigentes que han ocupado recientemente la Moncloa, Zapatero es quien más ha intentado buscar una solución al conflicto catalán. Incluso persiste en ello una vez abandonado el cargo, a través de su influencia en Pedro Sánchez y su entorno. También en Podemos y su líder, Pablo Iglesias. Aunque al final se trate de intenciones fracasadas. De hecho, son muchos quienes le responsabilizan justo de lo contrario, de haber abierto la caja de Pandora, de dejar escapar los vientos del separatismo. Casi de alentarlos.

Por un lado, el independentismo considera que no cumplió con las expectativas. Para ellos, todo empezó con un mitin en Barcelona del entonces candidato a la presidencia en el que prometió que aprobaría el Estatut que saliera del Parlament de Catalunya, compromiso que luego no fue capaz de sostener hasta el final. Por otro lado, el españolismo está convencido de que la aquiescencia de Zapatero ante demandas de mayor autogobierno fue lo que acabó por despertar, incluso azuzar, a los secesionistas. Para quienes culpan al líder socialista de los males posteriores, todo empezó con la llegada de Maragall a la Generalitat gracias al Pacto del Tinell entre el PSC, ERC e Iniciativa per Catalunya Verds (ICV). Según esa tesis, el independentismo se colaba en el Gobierno catalán, la pista de despegue para unas reclamaciones que se tornaron insaciables y a las que el líder del PSOE no puso freno.

Zapatero comienza la búsqueda de un modelo propio, que la izquierda pueda defender sin incurrir en contradicciones y enfrentamientos internos. Así, impulsa, de la mano de Maragall, la llamada Declaración de Santillana. Es en agosto de 2003, cuando el primero aún parece lejos de alcanzar la Moncloa y Maragall ya acaricia la presidencia de la Generalitat. El texto, firmado por el Consejo Territorial del PSOE reunido en Santillana del Mar (Cantabria), se titula *La España plural: la España constitucional, la España unida, la España en positivo*. Un extenso comienzo que elude la palabra *federal*, que tampoco aparece en todo el documento, aunque su contenido va en esa línea. La declaración insiste en el respeto a la Constitución, de la que señala que no puede ser una «puerta abierta al infinito» y muestra su «oposición frontal a todo segregacionismo o pseudosoberanismo» (no hay que olvidar que estamos en la época en la que ya está en marcha el llamado Plan Ibarretxe y sus aspiraciones soberanistas para el País Vasco). Pero el texto también hace referencia al reconocimiento de los hechos diferenciales, sin decirlo con esas palabras. Habla de «singularidades», y eso es algo que podría permitir una relación bilateral entre la autonomía y el Gobierno central. Dicho en palabras de Maragall, un federalismo asimétrico.

La Declaración de Santillana tiene como objetivo que «las comunidades autónomas se sientan cómodas, y que el espacio común y compartido sea habitable y aceptable para todos». Una frase que también recuerda mucho al pensamiento de Maragall, un líder sentimentalmente atrapado entre la identidad catalana y la española. O quizá simplemente un internacionalista, como se supone que tiene que ser todo político de izquierdas. Un año después de esta reunión en Santillana del Mar, Zapatero llega a la Moncloa.

Cada uno mira la historia según su propia experiencia y, para el expresidente, el origen del último capítulo en la historia de desencuentro o de imposible encaje entre Cataluña y el resto de España hay que buscarla en las elecciones del 2004, cuando el PP pierde en las urnas después del brutal atentado islamista del 11-M. Zapatero está convencido de que la incapacidad de José María Aznar de aceptar aquella inesperada derrota subyace en la actitud beligerante que, a partir de entonces, mantendría ese partido en la arena política. Una deriva que ahonda en la España irreconciliable. Aznar se entrega a las teorías conspiradoras, acompañado de medios de comunicación como *El Mundo* o la COPE, dando pie así a un intento de deslegitimación del Gobierno socialista. Ahí se desata una polarización política y mediática que es gasolina cuando se vierte en un asunto tan sensible en España como es la organización territorial.

Pero volvamos a Maragall. El exalcalde olímpico abre el melón de un nuevo Estatut. El objetivo en ese momento es zanjar los constantes flirteos de Jordi Pujol sobre una eventual reforma constitucional. El convergente es un virtuoso del nacionalismo, tiende la mano al mismo tiempo que amaga con el conflicto, mientras edifica una Cataluña que se siente cada vez más autónoma y menos autonómica. *Fer país* («Hacer país») resume la manera de gobernar de Pujol. Se trata de ir construyendo una apariencia de Estado propio. El socialista lleva años enfrentándose al *president* nacionalista, tratando de desmontar lo que considera una visión victimista por parte de Cataluña en su relación con el Estado español. Maragall combate en sus discursos la distinción que, en su opinión, busca consolidar CiU entre «buenos y malos catalanes». Él no es independentista. Al contrario, siempre le ha preocupado España. En esa construcción de un «federalismo asimétrico», persigue el sueño de trabar una relación nueva en la que Cataluña se sienta diferente, pero hermanada con el resto de España. Y encuentra en Zapatero a un líder receptivo con quien compartir ese anhelo.

Maragall se convierte en *president* de la Generalitat gracias a un acuerdo tripartito con ERC e ICV, que se forja pensando, sobre todo por parte de los republicanos, que quien gobernará en España es el PP y que eso les permitirá crecer electoralmente a la contra del poder central. Además, Esquerra considera que entrar en un Gobierno de izquierdas le permitirá adentrarse electoralmente en el área metropolitana de Barcelona, terreno tradicionalmente vedado al nacionalismo y, sobre todo, al independentismo. Así se firma el Pacto del Tinell («acuerdo para un Gobierno catalanista de izquierdas»), que da lugar al primer Gobierno de la Generalitat en la democracia presidido por un socialista.

El texto declara que los partidos firmantes buscarán «el establecimiento de un marco legal donde se reconozca y desarrolle el carácter plurinacional, pluricultural y plurilingüístico del Estado». La victoria inesperada del PSOE en las generales cambia el escenario. La toma de posesión de Maragall culmina en diciembre de 2003 con una foto icónica de él acompañado por Zapatero y Josep-Lluís Carod-Rovira (ERC), entre otros, en el balcón del Palau de la Generalitat, saludando a los ciudadanos congregados en la plaza. El mismo balcón donde Lluís Companys proclamó el Estado catalán «dentro de la República federal española» en los años 30. El mismo escenario donde en 1977 Josep Tarradellas exclamó su «*ciutadans de Catalunya, ja sóc aquí*», poniendo fin a su exilio forzado por la dictadura. A buen seguro, Maragall debía sentirse feliz. En ese gesto, debió ver la culminación de sus aspiraciones, la síntesis tantas veces teorizada, el inicio de una etapa distinta. CiU interpreta de una manera muy diferente aquella imagen del tripartito y Zapatero juntos en el simbólico balcón: «Es el inicio de la subordinación de la Generalitat a Madrid».

La legislatura catalana está marcada por la negociación de un nuevo Estatut, que sustituye al de Sau de 1979 y que se aprueba en el Parlament el 30 de septiembre de 2005. El texto es una prolija compilación normativa que busca blindar el autogobierno catalán de cualquier decisión por parte del Legislativo español. Las interminables discusiones y la competición entre los partidos sobre los términos de decenas de artículos provocan un distanciamiento social respecto a su contenido. El texto que debía regir la convivencia entre catalanes resultaba para muchos de ellos un auténtico galimatías de dobles interpretaciones, lecturas entre líneas, insinuaciones y medias tintas. Maragall confiesa que a él le habría gustado un Estatut de apenas un puñado de preceptos, al estilo de la Constitución americana. En otra ocasión, admite que tal vez habría sido mejor concentrarse en la modificación de la carta magna. Empieza a cundir la impresión de que se pretendía alterar la Constitución de 1978 por la puerta de atrás. De hecho, en estos momentos la relación entre Zapatero y Maragall se ha quebrado por un hecho muy concreto: la entrevista del *vicepresident* de la Generalitat, Josep-Lluís Carod-Rovira, con miembros de ETA en Perpinyà. A raíz de ese suceso, la confianza entre el líder del PSOE y el presidente catalán se resquebraja.

En agosto de 2005 se produce una reunión secreta entre Zapatero y Mas, previa a la votación del texto en el Parlament de Catalunya, cuando en el PSC cundía el desánimo porque parecía que el Estatut no saldría adelante. En ese encuentro, ambos acuerdan las líneas rojas del texto, sobre todo en materia de financiación. El líder del PSOE se lo comunica a Maragall y al primer secretario del PSC, José Montilla. El primero acepta, pero el segundo, junto con Miquel Iceta y con José Zaragoza, secretario de Organización, no lo ven claro porque consideran que CiU está situando el Estatut fuera de la Constitución a propósito, para que tenga que ser recortado en el Congreso y seguir reclamando luego más, manteniendo siempre abierto el conflicto con el Estado. Por eso, la ejecutiva de los socialistas catalanes rechaza la financiación que habían esbozado Zapatero y Mas. En esa reunión de la dirección del partido se produce un pequeño incidente que revela que el *president* comienza a acusar algunos signos del alzhéimer que le obligaría a dejar la política, puesto que en un momento determinado no recuerda que el Estatut solo puede aprobarse por una mayoría cualificada.

La rivalidad entre partidos catalanes deja escenas premonitorias de las que después se vivirían durante el *procés*, con Mas, líder de la oposición en el Parlament, negociando de noche, *in extremis*, con Zapatero en la Moncloa, el desbloqueo de algunos preceptos. La impresión del presidente socialista es que la redacción del Estatut no fue compleja por sus contenidos, sino más bien por la desconfianza y la competencia descarnada entre los partidos catalanes, en concreto entre ERC, PSC y CiU, que miraban de reojo cada movimiento del rival, calificado de inmediato como una claudicación en toda regla, para bien o para mal, al poder central. Un fenómeno que volvería a repetirse con los primeros compases del proceso independentista.

El Estatut recibe un amplio apoyo en la Cámara catalana. Votan a favor 120 diputados de 135. Solo el PP se pronuncia en contra. Su tortuoso periplo continúa en el Congreso, donde Alfonso Guerra se jacta de haberle «pasado el cepillo» y acaba por aprobarse en las Cortes en 2006. Pero por el camino se queda fuera del consenso ERC. En el seno del PSOE ya hace tiempo que se viene larvando el malestar. Zapatero había incluido en su Consejo de Ministros a Montilla como titular de Industria para tener un punto de conexión con lo que se estaba cocinando en Cataluña y, en teoría, lo que aprobara el PSC en el Parlament debía ser asumible para sus compañeros socialistas en el resto de España. Pero muchos consideran que Maragall se está extralimitando, que está traspasando los límites constitucionales. Entre ellos el extremeño Juan José

Rodríguez Ibarra, o el castellanomanchego José Bono, quienes están persuadidos de que Maragall está engañando a Zapatero.

Es sobradamente conocido cómo Zapatero y Mas negocian en la Moncloa una noche de sábado, entre el humo de los cigarrillos, los flecos finales del Estatut antes de su aprobación en las Cortes en 2006. Mientras, Rubalcaba intenta que también los republicanos se sumen negociando con ellos la gestión aeroportuaria, pero finalmente Esquerra quedará al margen por el veto de Mas. La competencia entre convergentes y republicanos ya empieza a socavar la posición negociadora de quienes reclaman más autogobierno para Cataluña.

Así pues, el nuevo Estatut no obtiene el respaldo de ERC ni del PP en el Congreso y es votado a favor por el 74 % en un referéndum celebrado el 18 de junio de 2006, con un 20,7 % de votos en contra. Apenas la mitad del censo acudió a las urnas. Y el PP lo recurrió ante el Constitucional. Por aquel entonces, en una entrevista se le pregunta a Zapatero si se sentirá responsable si dentro de diez años Cataluña inicia un proceso de ruptura con el Estado. El presidente contesta: «Dentro de diez años España será más fuerte, Cataluña estará más integrada, y usted y yo lo viviremos». Sin duda, el célebre optimismo antropológico de Zapatero está en uno de sus momentos álgidos. Tres años después, en 2009, se celebrará la primera consulta municipal en la que se pregunta por la independencia de Cataluña, en Arenys de Munt, en lo que podría considerarse el germen del movimiento social en favor de la secesión que después empujaría a los partidos a una carrera que culminaría en el naufragio político de 2017.

Poco después de esa consulta en el Maresme, ya en 2010, el Tribunal Constitucional, después de un interminable periplo plagado de interferencias políticas en su composición, acaba por emitir una sentencia que declara nulos total o parcialmente catorce artículos del Estatut. Montilla, entonces ya *president* de la Generalitat, con unas elecciones en ciernes, encabeza una manifestación contra aquella resolución que se convierte en la primera gran marcha independentista del *procés*, de la que tiene que salir escoltado por la policía bajo una lluvia de insultos. Ya en esa época, los socialistas catalanes empiezan a sufrir una sangría de votos que amenazaría con convertir en irrelevante a un partido que había sido un pilar de la política y la convivencia en Cataluña desde la Transición. El PSC había estado presente en los grandes consensos de la democracia, como el del modelo de enseñanza en catalán en las escuelas, por ejemplo. Había ejercido de puente para la integración de la población inmigrada de otras partes de España en los años cincuenta y sesenta del pasado siglo. Pero una parte sustanciosa de sus votantes no entienden el pacto con ERC, plagado de gestos simbólicos de reivindicación identitaria por parte de los republicanos, ni tampoco los esfuerzos volcados en la reforma estatutaria. Para colmo, la profunda crisis económica ya es la principal preocupación de los ciudadanos.

Con el relevo de Maragall por Montilla, el PSC trata de subrayar el eje derecha-izquierda en la discusión pública en Cataluña, pero no lo consigue. Al contrario, el nuevo *president*, nacido en Andalucía, que recibe clases para perfeccionar su catalán, es visto por muchos electores tradicionales del partido como alguien que no defiende sus intereses. Muchos votantes del PSC ven al *president* como alguien acomplejado ante el nacionalismo. Y la fuga hacia Ciudadanos empieza a ser irrefrenable. Al principio, al propio Montilla le cuesta aceptarlo. Los socialistas catalanes presentan a Albert Rivera como el líder de un partido de derechas y no están dispuestos a aceptar que sus votantes del llamado cinturón rojo barcelonés se están echando en brazos del enemigo político. Pero poco a poco empieza a ser evidente ese trasvase y el cinturón rojo se torna naranja en algunas convocatorias electorales. De hecho, en los comicios de noviembre de 2010, cuatro meses después de la gran manifestación y pese a sus esfuerzos por defender el Estatut, Montilla no solo pierde la presidencia, sino que su partido sufre un descalabro estrepitoso. Y CiU recupera la hegemonía. Los tripartitos presididos por socialistas que trataron de buscar un encaje más cómodo de Cataluña en España aparecen como un paréntesis histórico.

Casi todos los dirigentes implicados en este periodo, lo vieran desde Madrid o desde Barcelona, coinciden en que la sentencia del Estatut supuso un momento crítico para la arquitectura institucional del Estado español: un texto normativo fundamental como el Estatut sería enmendado después de haber sido ratificado por los catalanes en un referéndum. Más tarde se recuperaría el recurso previo de inconstitucionalidad para impedir que algo así vuelva a ocurrir. Pero es una anomalía democrática a la que aún no se ha dado solución. Además, un Constitucional con la reputación bastante maltrecha marcó una interpretación de los límites del modelo territorial que, para muchos, son demasiado estrechos si se tiene en cuenta que la carta magna dejó este asunto especialmente abierto. La sentencia es un punto de inflexión.

El desgaste sufrido por el PSC a raíz de la negociación del Estatut es el preámbulo de una profunda crisis de identidad del partido que tocará fondo en el periodo de Pere Navarro como secretario general, cuando las dos almas que habían convivido en su seno y que constituían su riqueza, la más catalanista y la más identificada con el PSOE, dejan de darse la mano para tirar cada una de un lado de la cuerda, provocando una dolorosa fractura que acaba con la marcha de algunos dirigentes, entre los cuales hay quienes recalan en las filas de ERC. Si Ciudadanos se nutre en sus orígenes de desencantados del PSC, ahora se van del partido quienes defienden que debe convocarse un referéndum de independencia para que los catalanes decidan su futuro político. El discurso impulsado por el independentismo sobre el «derecho a decidir» hace mella en las filas del PSC. Bajo esas siglas solo van a quedar quienes se identifican con la propia camiseta pase lo que pase. El partido se recluye en los cuarteles de invierno, que no son otros que los municipios del área metropolitana, el poder local. Pero con la decadencia del PSC difícilmente el PSOE puede lograr unos resultados electorales que lleven a su candidato a la Moncloa, al margen del deterioro que sufre el Partido Socialista al hallarse en el Gobierno en medio de una recesión económica aplastante.

Precisamente, la sentencia del Estatut llega en un momento de declive de la presidencia de Zapatero. Nueve meses después, en abril de 2011, anuncia a su partido que no repetirá como candidato a la presidencia del Gobierno en las elecciones previstas para el 2012. La crisis económica es arrolladora. Si en su elección como líder del PSOE no mencionó la cuestión territorial, tampoco lo hace en su discurso de retirada. Y no porque se arrepienta de nada de lo hecho, o mejor dicho, de lo que intentó hacer, en esta materia. Al final, el humor social de ese momento, la angustia por el paro y la recesión, no acompañan para reivindicar lo que la mayoría en su partido ve como un jardín impenetrable en el que habría sido mejor no meterse.

Durante su primer mandato, Zapatero impulsa las reformas de la mayoría de los estatutos autonómicos. Pero a partir de la sentencia del Constitucional, su pasión por federalizar el modelo territorial pasa a un segundo plano. De hecho, prácticamente desaparece de su agenda. La economía copa toda la atención y la experiencia del Estatut resulta extenuante. Pese al evidente hastío en su segundo mandato en esta materia, Zapatero se adentra en otro campo de minas autonómico, el del sistema de financiación, al que también pretende aplicar conceptos federalistas y que era una de las reivindicaciones cada vez más acuciantes por parte de Cataluña. El nuevo sistema de financiación se aprueba en julio de 2009 sin apoyo del PP, que se abstiene por indicación de Mariano Rajoy. El sistema entrega a las comunidades más porcentaje de recaudación de los impuestos cedidos, profundizando así en su autonomía financiera. E incrementa el volumen de recursos del sistema en 11.000 millones, por lo que todas tienen más a repartir. Pero los efectos apenas se van a percibir, ya que nos adentramos en una larga y pavorosa crisis. El *conseller* de Economía de la Generalitat, Antoni Castells, defiende que el modelo es bueno para Cataluña y para España. Es posible que lo hubiera sido en un contexto de bonanza y de alta recaudación, pero no en plena recesión. Poco tiempo después, el nacionalismo catalán pone en primer término del debate político las balanzas fiscales y el presunto déficit para las arcas de la Generalitat provocado, entre otros factores, por la aplicación de este modelo.

Nos adentramos en el proceso independentista.

Asignaturas pendientes

Hoy, Zapatero sigue reflexionando en público sobre las oportunidades que se perdieron durante su presidencia para que Cataluña lograra un mejor encaje en España y las que aún se podrían intentar. En el fondo, está convencido de que el Estatut podría haber encauzado las relaciones entre Cataluña y el resto de España si se hubiera aplicado tal como fue votado en referéndum, es decir, sin los recortes del Tribunal Constitucional. A grandes rasgos, la sentencia del 28 de junio de 2010 anula 14 preceptos, interpreta 24, y avala el resto de los 245 artículos y disposiciones restantes. Los anulados son básicamente relativos a la lengua, la justicia y la financiación. Para Zapatero, esos preceptos podrían haber encontrado acomodo en una lectura más abierta de la Constitución.

Uno de los ámbitos en los que se podría actuar, según esa tesis, es el judicial. El artículo 97 del Estatut preveía la creación del Consell de Justícia de Catalunya, que tenía que ser el órgano de gobierno de los jueces en esa comunidad y actuaría «desconcentrado del Consejo General del Poder Judicial (CGPJ), sin perjuicio de las competencias de este último, de acuerdo con lo previsto en la Ley Orgánica del Poder Judicial». Es un redactado ambiguo, ya que no se aclara si se trata de un órgano independiente que daría lugar a una justicia propia en Cataluña, o bien tendría que coordinarse con el CGPJ, y hasta qué punto este tendría poder sobre el de ámbito autonómico. El PSC también ha propuesto en varias ocasiones rescatar algunos pasajes anulados por el Constitucional a través de modificaciones de leyes orgánicas, y esta sería una de ellas, aunque siempre acotando su capacidad de actuación. En todo caso, la sentencia lo consideró un «exceso». El Estatuto de Andalucía también recoge un Consejo de Justicia y lo define como «el órgano de gobierno de la Administración de Justicia en Andalucía, de acuerdo con lo previsto en la Ley Orgánica del Poder Judicial». Es, por tanto, la palabra *desconcentrado* lo que parece molestar al Constitucional. Después de esa sentencia, en Cataluña no se ha creado ese órgano.

En el esquema de Zapatero, es posible una descentralización del Poder Judicial. Argumenta que otros países federales, como Estados Unidos, cuentan incluso con una legislación penal diferente en sus estados y eso no ha supuesto una desmembración nacional. Pero si esa posibilidad ya suscitaba recelos en el momento de su planteamiento, después del referéndum del 1 de octubre y la declaración unilateral de independencia de 2017 se antoja casi imposible de aceptar por parte del PSOE, que sería acusado de inmediato de permitir que el independentismo creara una justicia catalana que les habría permitido llegar aún más lejos sin ningún tipo de cortapisa.

Para Zapatero, el principal enfoque de una nueva relación entre Cataluña y el resto de España es la lengua. No tanto en el sentido de recuperar el concepto de *lengua preferente* en las Administraciones públicas y los medios de comunicación en Cataluña, como establecía originariamente el Estatut antes de la sentencia, sino en la línea de un mayor reconocimiento del plurilingüismo por parte del Estado. Se trata de considerar el catalán, el gallego y el euskera como lenguas de todos los españoles, y defenderlas como tales. Por ejemplo, a través del Instituto Cervantes o en diversas instituciones. Resulta extraño que aún hoy no se puedan utilizar las lenguas cooficiales con normalidad en el Congreso y el Senado. Y que los argumentos para no hacerlo sean tan banales como el gasto económico en traductores. Avanzar en la protección del catalán sigue siendo un asunto que polariza a la sociedad española y catalana, en especial la aplicación de la inmersión lingüística, que ha acabado en manos de los tribunales. La lengua es aún uno de los motivos de crispación más destacados en la relación política entre Cataluña y el resto de España.

Ninguno de los presidentes del Gobierno central o de la Generalitat de los últimos años está dispuesto a reconocer grandes errores en su paso por el poder, ni siquiera a asumir que perdieron la oportunidad de avanzar en un mayor entendimiento. Zapatero se identifica en teoría con un modelo federal que él mismo admite que no cuenta con tradición en España. En su opinión, lo que existe aquí es una notable descentralización del gasto entre las diferentes autonomías, pero no un reparto del poder político real. En esa visión coincide con la lectura que habría podido hacer, por ejemplo, Jordi Pujol. El poder central dispone de la capacidad para dictar leyes que pueden armonizar las normativas de todos los territorios y cuenta también con la llave de la caja. Es justo el planteamiento contra el que quisieron luchar algunos de los redactores del Estatut.

Para que los planteamientos idealistas de Zapatero se hubieran podido llevar a cabo, sería necesaria una cultura política más cooperativa y menos competitiva, sin la cual es muy difícil que un Estado federal funcione de manera correcta. La falta de lealtad es uno de los elementos que se reprochan más entre Madrid y Barcelona. Para el nacionalismo, pero también para una buena parte del catalanismo, el poder central ha actuado con deslealtad hacia el espíritu de una Constitución en la que se esbozaba un Estado autonómico asimétrico, que diferenciara la personalidad política y jurídica de Cataluña, País Vasco y Galicia como *nacionalidades*, ante la imposibilidad de denominarlas *naciones* (sin Estado) en aquel momento histórico de la Transición. Para el PP y el PSOE, en cambio, la deslealtad se ha ido reproduciendo de forma sistemática por parte de los sucesivos Gobiernos de la Generalitat, que después de culminar una exigencia plantean otra sin que se vislumbre un final a sus reclamaciones. Y el colmo de esa actitud desleal es el proceso independentista.

Después de una ronda con los representantes de los Gobiernos autonómicos en la Moncloa, a Zapatero se le ocurre la idea de instaurar la llamada Conferencia de Presidentes. La primera se reúne en octubre de 2004. Durante su primer mandato, convoca tres reuniones. Y una cuarta en su segundo mandato. Se trata de imitar el modelo alemán. La Constitución de 1978 se inspira en diversos pasajes en la Ley Fundamental de Bonn de 1949, pero en la cuestión federal se quedó a medias. A diferencia de Alemania, en España no existe un Senado en el que se dirima el poder y los intereses de las autonomías, como tampoco hay mecanismos institucionalizados de relación y decisión entre las diferentes comunidades. Tampoco aquí quedaron bien definidas las competencias centrales en términos de exclusividad, lo que no solo disminuiría la conflictividad ante el Tribunal Constitucional, sino que también permitiría a los ciudadanos identificar con nitidez las responsabilidades de cada Administración. De hecho, la reforma del Estatut pretendió establecer el listado de competencias exclusivas de Cataluña. Es decir, hacerlo a la inversa.

Pues bien, Zapatero se inspiró en Alemania para celebrar la primera Conferencia de Presidentes autonómicos, pero en ese país su funcionamiento es muy distinto. Allí suelen reunirse los ministros presidentes de los *Länder* para unificar opiniones sobre los más diversos asuntos de su competencia e intercambiar experiencias. La presidencia de la conferencia corresponde cada año a un *Land*. Y se reúne dos veces al año con el canciller federal. Presupone, por tanto, un alto grado de cooperación horizontal entre los diferentes territorios. El sistema autonómico español, en cambio, ha derivado en una relación vertical por parte de cada comunidad con el Gobierno central. Se aspira, cada vez más, a la bilateralidad, incluso por parte de autonomías sin una identificación nacional fuerte. Las conferencias sectoriales, que se supone que deben coordinar a los consejeros autonómicos y al ministro del ramo, acaban siendo un foro en el que este último comunica sus decisiones a los demás, que a su vez expresan su adhesión o rechazo en función de las siglas que profesan.

Rajoy dejaría dormida la Conferencia de Presidentes en un cajón. Solo la convocó dos veces (una por cada mandato) y luego Pedro Sánchez la rescataría de forma recurrente con motivo de la pandemia. Pero su formato, que en un principio pareció una manera de tender puentes entre las autonomías, y entre estas y el Gobierno central, acaba por convertirse en otro escenario más de las luchas frontales entre los diferentes partidos. Es más, deviene en el paradigma de todos los problemas del ecosistema político en España: la pugna descarnada entre el PP y el PSOE por un lado, y el enfrentamiento entre el independentismo catalán con el Estado por el otro. El germen de un nuevo modelo de cooperación territorial no ha conseguido evolucionar de forma que no sea percibido como un mero encuentro en el que el presidente del Gobierno dispone de la batuta para convocarlo cuando le conviene, para plantear la agenda que le interesa y para dirigir el debate en el sentido que le parece, que suele ser el de una sucesión de monólogos. Al mismo tiempo, algunos presidentes autonómicos aprovechan ese foro para escenificar desencuentros y lanzar mítines partidistas. Tanto el *lehendakari* como el *president* de la Generalitat, cuando esta institución ha estado en manos independentistas, han utilizado su presencia o ausencia en esas reuniones como gestos de cara a la galería según la coyuntura política.

Si no se ha logrado que la Conferencia de Presidentes sea un verdadero instrumento de cooperación entre autonomías, aún menos se ha avanzado en la cacareada reforma del Senado para convertirla en una Cámara de representación territorial. Ninguno de los dos grandes partidos ha mostrado el más mínimo interés en dar pasos hacia esa transformación. Ni siquiera Zapatero se lo llega a plantear mientras es presidente. Y el motivo es muy sencillo: su representación en el Senado es apabullante. El PP y el PSOE acaparan la Cámara Baja de forma más aplastante que el Congreso, donde el bipartidismo se ha ido resquebrajando en los últimos años. Las elecciones al Senado, por ejemplo, podrían celebrarse al mismo tiempo que las autonómicas en la mayor parte de España, sin necesidad de ningún cambio legal significativo, para tratar de acercar su resultado al de la pluralidad territorial existente. Pero eso no conviene al PP y al PSOE, que prefieren mantener su férreo control en esa Cámara. Lo curioso es que han ido surgiendo cada vez más opciones políticas que representan a provincias o regiones que se sienten olvidadas por el poder central y que se presentan como organizaciones ajenas a los partidos tradicionales, desideologizadas y motivadas solo por la defensa de los intereses locales con vocación de lograr unos pocos escaños que les permitan comerciar con los grandes partidos su apoyo a cambio de concesiones presupuestarias. Teruel Existe o Soria Ya son ejemplos claros de ese fenómeno que aflora en el Congreso ante la falta de un vehículo más adecuado de expresión.

Hay quien considera que la razón por la cual no existe una cultura federal en España es porque no hay una tradición liberal. Pero también podría concluirse que es precisamente lo contrario, es decir, que el liberalismo no cuajó en España porque las regiones más industrializadas y pujantes no lograron la influencia política que les habría correspondido en el poder central, más apegado a élites agrarias o al funcionariado. El reverso de ese análisis por parte de los independentistas es que en España (se entiende que no incluyen a Cataluña) no existe cultura democrática. Y que cada vez que los catalanes han tratado de modernizar el sistema político español ha sido tarea imposible.

Zapatero llegó al poder con la doctrina del republicanismo de Philip Pettit bajo el brazo. La teoría de que las leyes deben basarse en la «no dominación» sedujo al presidente del Gobierno, que trató de aplicarla en asuntos como la ley del matrimonio homosexual. Enseguida topó con una fuerte oposición de sectores conservadores. Llegó a la Moncloa con la intención de provocar cambios en el ámbito de los derechos sociales y también en el modelo territorial que no eran comprendidas por una buena parte de los españoles, aunque después algunas de esas modificaciones legales acabaron por ser asimiladas como inamovibles. Así, el PP no ha tratado de modificar el matrimonio homosexual cuando ha gobernado, a pesar de su irritación inicial. Pero en su aspiración federalista, Zapatero quedó atrapado en las redes del Estatut. No solo por el rechazo de la derecha, sino también en las propias filas de la izquierda. El PSOE también sucumbe al discurso reduccionista de que ceden demasiado a los nacionalistas.

De hecho, hay ocasiones en las que algunos barones socialistas ni siquiera son capaces de defender en público los postulados que el PSOE ha suscrito, negro sobre blanco, sobre su modelo territorial. Tres líderes socialistas han firmado documentos en ese ámbito: Zapatero, Alfredo Pérez Rubalcaba y Pedro Sánchez. El objetivo ha sido conciliar las diferentes sensibilidades en el seno del partido y, aunque no se reconozca en público, evitar que las discrepancias internas sean utilizadas en su contra por el PP. Los conservadores han abonado la imagen de unos socialistas dispuestos a vender la unidad de la patria a cambio de apoyo parlamentario, a pesar de que también el PP ha pactado en más de una ocasión con el nacionalismo catalán y vasco. Pero es cierto que los acentos sobre la descentralización política en el seno del PSOE son mucho más variados y eso siempre suscita controversia. Así que, en varias ocasiones, el partido ha intentado dejar clara su posición. No solo en los congresos, conferencias o en programas electorales, sino en esas tres declaraciones extraordinarias que evidencian la preocupación que este asunto suscita en las filas socialistas. Así llegaron la Declaración de Santillana, con Zapatero al frente; la de Granada, ya con Alfredo Pérez Rubalcaba, y la de Barcelona, con Pedro Sánchez. Todas ellas son un virtuoso ejercicio de equilibrios y ambigüedades para conciliar sensibilidades distintas, aunque su evolución es evidente hacia una mayor federalización. Al menos sobre el papel.

Zapatero es un político convencido de que la voluntad lo puede todo, que aplicar las propias convicciones es la única forma de avanzar, lo que hace que sus detractores le consideren directamente un iluso, cuando no un frívolo. En el momento en que nadie pensaba que se convertiría en presidente, él repetía a quien quería escucharle que ese sería su destino. También Pedro Sánchez insistía en que sería presidente cuando todo el mundo consideraba que estaba amortizado una vez defenestrado por su partido. En medio de ambos, Rubalcaba fue un político sibilino, amoldable a las circunstancias. Para sus admiradores, un hombre de Estado; para quienes no le apreciaban tanto, un político sin demasiadas creencias, mucho menos ideales.

Después del proceso independentista, las posiciones de Zapatero sobre este conflicto no solo se han afianzado, sino que incluso se han tornado más radicales en el sentido de ir más allá en el reconocimiento de la singularidad catalana. Ante el choque independentista, ha propuesto, por ejemplo, al Gobierno de Pedro Sánchez que ahonde en el diálogo con el independentismo designando la figura de un mediador de la Iglesia. Es el único líder del PSOE capaz de defender la concesión de los indultos a los independentistas catalanes en un acto electoral en Andalucía sin que nadie le haya preguntado por el tema. A ningún otro se le ocurriría. Escuchando hoy en día a Zapatero parece que se arrepintiera de no haber ido más lejos en el intento de superar la conllevancia con Cataluña en favor de una mejor convivencia.

2

RAJOY, EL IMPASIBLE

Mariano Rajoy no ha llegado a la política a revolucionar nada, ni siquiera a cambiar demasiado las cosas. Si acaso, a no romper ningún jarrón. Y, sobre todo, a no meterse en berenjenales. El reproche que tantas veces se le ha hecho de inmovilista es, en el fondo, un elogio para Rajoy, que considera que la flexibilidad que tanto se lleva en estos tiempos líquidos no es más que frivolidad y síntoma de escasas convicciones. Para él, ser previsible es la mayor de las aspiraciones. Y lo cierto es que es una cualidad tan escasa hoy en día en la política que no carece de valor. El expresidente del PP siempre ha recurrido como argumento a un inapelable «sentido común», esa capacidad generalizada para discernir entre lo bueno y lo malo que trasciende culturas e ideologías y que podríamos denominar también «buen juicio». Lo que ocurre es que en una sociedad compleja, en la que todas las opiniones son sometidas a una crítica implacable, incluso aquellas que pretenden servir a ese bien común, la apelación de Rajoy se revela vacía de contenido. El sentido común..., ¿para quién?

Si Rajoy tuviera que resumir el proceso independentista que culminó en 2017 lo haría con una sola idea: aquello fue un enorme ejercicio de deslealtad institucional. O bien, en lenguaje más propio del político gallego, una insensatez. Ello si se expresara en público. Porque en privado, ante sus colaboradores, lo ha resumido en más de una ocasión diciendo que lo ocurrido fue «una locura». En cambio, su actuación ante ese proceso la consideraría una estricta aplicación del «sentido común». Desde luego, no cree que las cosas se podrían haber hecho de otra manera. Y, si así fuera, para él no tiene sentido darle vueltas a lo que ya forma parte del pasado.

En efecto, para Rajoy, todo empezó con una deslealtad de Artur Mas. Sitúa al *expresident* como el principal responsable. Primero por considerarle el promotor del proceso independentista. Y segundo, quizá más importante, porque le atribuye una capacidad política superior a la del resto de los actores que le sucederían, desde Oriol Junqueras hasta Carles Puigdemont.

Rajoy y Mas se conocían de tiempo atrás. El propio *expresident* de la Generalitat explicó que en 2002, el balear Jaume Matas le convenció para acudir a un encuentro en el coto de Doñana con Rajoy, entonces vicepresidente del Gobierno, y con Eduardo Zaplana, con el objetivo de sondearle para acometer una operación de fusión entre CiU y el PP catalán, similar a la de Unión del Pueblo Navarro (UPN). Los populares nunca habían logrado asentarse en Cataluña. El pujolismo había ocupado el espacio conservador que, en teoría, les correspondía a ellos. De ahí que esa operación siempre estuviera en el imaginario de los dirigentes del PP. De hecho, ya lo intentaron en época de Pujol. Lo que no suele explicar Mas es que aquel no fue un encuentro aislado. Un año más tarde, en septiembre de 2003, él y Rajoy volvieron al palacio de las Marismillas de Doñana con sus esposas. El popular estaba a punto de ser designado candidato a la Moncloa y quería estrechar lazos con el convergente con la vista puesta en garantizarse su apoyo en caso de no disponer de la mayoría necesaria para gobernar, como hiciera en su día José María Aznar a través del líder de Unió Democràtica de Catalunya (UDC), Josep Antoni Duran i Lleida, quienes estrecharon relaciones con un almuerzo en el restaurante El Bulli, de Ferran Adrià. Al llegar a la residencia de Doñana, Rajoy propuso ir a tomar algo a una población cercana, pero Mas prefería no exponerse demasiado en público en compañía del dirigente del PP. Aun así, disfrutaron de la playa y del entorno natural. Al marcharse, el entonces *conseller en cap* pidió que se destruyeran todas las fotografías que se hubieran hecho (entonces no era habitual utilizar para ello el teléfono móvil). Aquellos gestos no le gustaron nada a Rajoy.

Aunque el líder del PP nunca llegó a confiar plenamente en Mas, sí le tenía por un político a la antigua usanza, que en su caso es tanto como decir que no busca más problemas de los necesarios, con el que se puede hablar de forma discreta cuando conviene y que, cuando da su palabra, la cumple. Es decir, previsible. Su experiencia con CiU se remontaba a la época del Pacto del Majestic, del que fue uno de los principales muñidores. El nacionalismo catalán le pareció siempre algo manejable mediante la negociación política. «Yo te doy, tú me das.» Aunque no fuera de su gusto, entendía sin problemas la estrategia del *peix al cove* («pájaro en mano») de Pujol, porque era transparente. Rajoy siempre ha tenido palabras de reconocimiento para algunos dirigentes de CiU con los que se entendió a las mil maravillas, como Joaquim Molins, Macià Alavedra o Duran i Lleida. En virtud del acuerdo del Majestic, CiU apoyó la investidura de Aznar a cambio de concesiones como la supresión del servicio militar, de la figura de los gobernadores civiles y el traspaso del tráfico en Cataluña a los Mossos d'Esquadra. Gracias a ese acuerdo, Rajoy se convirtió en ministro de Administraciones Públicas y mantuvo fluidos contactos con CiU, junto con su lugarteniente y hombre de confianza durante muchos años, Jorge Fernández Díaz.

Cuando Mas se reúne por primera vez en la Moncloa con Rajoy como *president*, en febrero de 2012, ya llevaba un año gobernando con muchas dificultades en Cataluña, donde la austeridad como receta para luchar contra la crisis financiera había llevado a drásticos recortes en la sanidad y a las consiguientes protestas en la calle. Rajoy atribuye a esa situación desesperada la vía emprendida por Mas. Ni por un momento cree que se haya convertido al independentismo por convicción. De hecho, piensa que todo aquello se le fue de las manos y que la primera víctima fue el propio Mas. Eso no impide que le considere el responsable principal de todo lo ocurrido en Cataluña hasta 2017. En varias ocasiones se reúnen ambos en privado para tratar de hallar una solución, pero sin resultados.

A Rajoy le gusta ir por partes. Primero ocuparse de un problema, después de otro... Le cuesta actuar en varias pistas al mismo tiempo. Y cuando llega a la Moncloa, todos sus esfuerzos se concentran en la situación financiera, puesto que España se halla a punto de ser rescatada por Europa, siguiendo los pasos de Grecia. De hecho, es intervenido el sistema bancario y sometido a vigilancia por la Unión Europea. Cuando acude a las escaleras de entrada del palacio a recibir a Mas en ese primer encuentro oficial, ya le avanza: «Vivo en el lío». No puede entender que el *president* de la Generalitat insista en reclamar un pacto fiscal en esas circunstancias. Y menos que la respuesta a su negativa sea que el Gobierno catalán se embarcará en la celebración de un referéndum sobre la independencia. «La obligación de un gobernante es echar agua a los problemas, no gasolina», suele decir Rajoy.

La incomprensión mutua es completa. Mientras el malestar crece en Cataluña porque muchos ciudadanos consideran que Rajoy desoye sus reclamaciones, sobre todo en lo referente a las inversiones en infraestructuras y la financiación, el Gobierno del PP sostiene que es una de las comunidades más favorecidas en los sucesivos presupuestos. El dirigente popular siempre explica que una vez recibió a un presidente autonómico en la Moncloa perteneciente a su propio partido y este se le quejó de que Cataluña se llevaba buena parte del pastel presupuestario. Rajoy pidió que le trajeran un abanico de periódicos regionales del mismo día que desplegó por la mesa para que comprobara que, según las portadas, todos eran objeto de un trato injusto en las cuentas del Estado.

La escasez de inversiones en infraestructuras en Cataluña es una de las espoletas del auge independentista. Las quejas por lo que se considera un maltrato y por las sucesivas promesas grandilocuentes que después no se traducen en ejecuciones reales son transversales en la sociedad catalana. El PP niega la mayor. Ana Pastor, colaboradora y amiga personal de Rajoy, recuerda que, durante la época en que ella estuvo al frente del Ministerio de Fomento, se inaugura la estación del AVE en Girona, por poner un ejemplo. Reivindica que, gracias al esfuerzo inversor del Gobierno del PP, Cataluña es la primera comunidad que logra tener todas sus capitales de provincia conectadas con alta velocidad.

En abril de 2012, Mas regresa a la Moncloa y otra vez reclama, sin éxito, el pacto fiscal. Y vuelve de nuevo, con la misma pretensión y el mismo resultado, en septiembre de ese mismo año. El presidente del Gobierno está convencido de que todo se tranquilizará cuando España y, por tanto, también Cataluña, salgan adelante y recuperen vitalidad económica. De hecho, Rajoy asegura que en esa época Mas le confesaba en privado que la calma retornaría si se atendía a la reivindicación de un pacto fiscal o un sistema similar para Cataluña. Rajoy considera que no es posible atender esa reclamación, y menos en una situación de penuria económica como la que le ha tocado lidiar. Es más, lo consulta con el líder socialista, Alfredo Pérez Rubalcaba, y este tampoco lo estima viable. Mas le insiste en que si no pone una propuesta de financiación sobre la mesa, se sentirá «libre» para emprender un camino diferente. «Tú siempre has sido libre» es la respuesta de Rajoy.

Esta vez, Mas vuelve a Barcelona dispuesto a poner en marcha un plan. Su última visita a la Moncloa se produce después de una impresionante manifestación independentista con motivo de la Diada. Tras el portazo de Rajoy a su reclamación del pacto fiscal, el *president* asegura que se ha perdido una oportunidad histórica y cinco días después convoca elecciones anticipadas. Está convencido, puesto que lleva algún tiempo cotejando encuestas, que va a obtener la mayoría absoluta. Pero los comicios del 25 de noviembre de 2012 frustran esas aspiraciones y, de hecho, hacen retroceder a CiU.

Las relaciones se van enconando, pero se mantienen los contactos. En marzo de 2013 ambos se ven en secreto. Acuerdan flexibilizar el déficit autonómico para relajar la complicada situación financiera de la Generalitat. Pero discrepan en todo lo demás. En junio de ese año, Mas le pide por carta a Rajoy permiso para realizar una consulta soberanista en Cataluña. En septiembre, el *president* visita la Moncloa de nuevo en secreto, esta vez ya con la reclamación de la consulta como principal argumento del encuentro. Rajoy lo rechaza. Todo va de mal en peor, pero cuando, en julio de 2014, Mas acude de nuevo a la Moncloa, esta vez de forma pública y oficial, y le entrega un documento con veintitrés peticiones, Rajoy ve abierta una vía para encauzar el problema.

El listado incluye reivindicaciones en diversos ámbitos, desde la cultura hasta la dependencia, inversiones y cuestiones competenciales. Nada fuera de la legalidad vigente. Además, el tono de la carta que acompaña a esas peticiones es cordial y constructivo. Enseguida el presidente encarga a sus ministros que busquen soluciones a cada uno de esos puntos para dar una respuesta lo más complaciente posible. Pese a la instrucción del presidente, en el Gobierno se produce un debate entre quienes consideran que ese gesto será interpretado como una concesión al chantaje independentista y sostienen que es un mal precedente. En ese momento también se deja sentir la presión de algunas antenas mediáticas, entre las que sobresale, por su virulencia, la de Federico Jiménez Losantos desde la COPE. Arrecia el viejo discurso de los supuestos privilegios de Cataluña en detrimento de otras comunidades. Y eso que aún no se ha accedido a ninguna de las peticiones de la lista. Pero Rajoy cree que es una oportunidad para entenderse con Mas.

El convencimiento de que las raíces del problema catalán son de índole económica es generalizado en el Gobierno del PP. Y ese es seguramente uno de los fallos de diagnóstico. La reivindicación financiera es muy relevante, máxime en un momento de acuciante crisis, pero no es el único factor que motiva a un sector de la sociedad catalana a engrosar las filas del independentismo. Rajoy sitúa la recuperación económica como prioridad absoluta. También como la única manera, de paso, de apaciguar la situación en Cataluña. Pero de la misma forma que el bolsillo no es la única causa que explica el auge independentista, tampoco la solución va a venir de una mejoría del contexto económico. La recesión es mundial, pero España está además ante un conflicto político de consecuencias imprevisibles. Rajoy no tiene en cuenta el terremoto de desconfianza hacia las instituciones y hacia el funcionamiento de la democracia larvado desde tiempo atrás y que se deja notar con intensidad en Cataluña en forma de movimiento en favor de la secesión.

El intento de Rajoy de aprovechar ese gesto en favor de una negociación por parte de Mas tiene una extensión sentimental que casi provoca rubor. El PP intenta reconciliarse con Cataluña con la difusión de un vídeo que contempla la sociedad catalana como una realidad folclórica que provoca sorna entre los independentistas y cierta vergüenza ajena entre la mayoría de quienes no lo son. En las imágenes desfilan todos los tópicos mezclados con mensajes de unidad. Se ve un dibujo de Cobi, la mascota olímpica, con la bandera española y la *senyera*. Se recuerda que en Cataluña hay 170.818 García o que siete de cada diez catalanes tienen padres de otras procedencias. Se piropea el paisaje o el *pantumaca*. El andaluz Javier Arenas, considerado en el PP como su cara más amable, es elegido por Rajoy para templar las relaciones con Cataluña y aparece en el vídeo para declararse «gran admirador» del «ánimo emprendedor» de los catalanes y de su «capacidad de integración de personas que vienen de otras culturas y de otros orígenes». Hasta María Dolores de Cospedal destaca que tiene «muchos amigos catalanes». O Ana Botella elogia los Juegos de Barcelona. El vídeo lo cierra Rajoy con una frase que acabaría siendo objeto de chanza. «Me gustan sus gentes, su carácter abierto, su laboriosidad, son emprendedores, hacen cosas, exportan, crean trabajo, la gente cumple, me gusta Cataluña.» «Los catalanes hacen cosas» es una frase que se incorpora al relato independentista como demostración de la perenne incomprensión de España hacia Cataluña.

El vídeo del PP es una anécdota. Bienintencionado y utilizado de forma torticera por sus rivales políticos, pero también una muestra de la escasa conexión de los populares con la sociedad catalana. El PP no cuaja en Cataluña. Sus resultados electorales no han sido nunca relevantes. Solo en las generales en las que Aznar logró la mayoría absoluta, una parte importante de los votantes avalaron esas siglas. En los prolegómenos de aquella elección del año 2000, Aznar se paseó a gusto por Cataluña. Fue recibido con alfombra roja por la burguesía después de aplicar una política de inversiones y mano tendida en su primera legislatura, cuando necesitaba el apoyo de CiU. Aznar se hizo fotos en el Palau de la Música o en el aeropuerto de El Prat, e incluso presumió de lograr algún que otro concejal en la Cataluña interior. Pero aquello fue un espejismo. Los populares no han logrado una penetración estable en esta comunidad. Lo han intentado con todos los perfiles posibles, desde los más conciliadores y catalanistas como el de Josep Piqué o Alicia Sánchez Camacho, hasta los más implacables contra el nacionalismo, como Alejo Vidal-Quadras o Cayetana Álvarez de Toledo. El partido en Cataluña siempre ha funcionado como una mera sucursal de Génova, la sede central. Y desde allí han sido elegidos, a dedo, sus líderes y candidatos. Para los dirigentes del PP, el motivo del fracaso fue primero la mera existencia de CiU, que ocupaba el espacio de centroderecha al que aspiran. Después, la justificación fue la irrupción de Ciudadanos, que se hizo con los votantes españolistas. Más tarde, sería la llegada de Vox.

A pesar del tono naíf del vídeo del PP, es una época en la que Rajoy intenta entender qué está pasando en Cataluña. Confiesa a algún amigo íntimo que está leyendo a Francesc Cambó y a Enric Prat de la Riba. Quizá esas incursiones le habrían servido para enriquecer un diálogo con CiU unos años antes, pero precisamente la formación que lideró Jordi Pujol está transformándose en algo muy distinto. Su conclusión en ese momento es que no se puede hacer gran cosa más que dejar que Convergència estrelle el barco contra las rocas. Hoy en día sigue sosteniendo que lo de Cataluña no tiene solución, que la única opción es abrazar la «conllevancia» que un día glosó José Ortega y Gasset.

En efecto, el acercamiento que ensaya Rajoy es tan sutil y poco efectivo, visto desde Cataluña, que no da ningún fruto. Es más, los escasos restos de confianza que aún existen entre él y Mas se desvanecen cuando el *president* de la Generalitat anuncia, sin avisar previamente a la Moncloa —a pesar de haberse comprometido en ese sentido—, la fecha y la pregunta de la consulta del 9 de noviembre de 2014. Rajoy considera que es la evidencia de que Mas ha perdido todo vestigio de «sentido común». Se adentran en un camino de no retorno.

Juego sucio

El relato, así contado, muestra a un Gobierno central que se ve superado por su interlocutor en Cataluña y que trata de responder de forma torpe, aunque de buena fe. Sin embargo, existe un reverso oscuro. En un momento determinado, entran en juego maniobras sucias para tratar de desprestigiar al independentismo durante el mandato de Jorge Fernández Díaz como ministro del Interior. Un grupo de agentes actúa sin pudor contra los dirigentes de Convergència inventándose supuestos delitos y filtrándolos a la prensa afín. Durante años funciona un comando policial alrededor de Eugenio Pino, responsable operativo de la Policía durante la etapa de Rajoy y supuesto muñidor de la «policía patriótica», como él mismo bautiza al grupo, y del comisario José Manuel Villarejo. Esos altos funcionarios maniobran para intentar frenar el independentismo catalán, además de para tapar investigaciones judiciales sobre la corrupción del PP y para destruir a Podemos. Junto a Pino y Villarejo figuran Enrique García Castaño, Bonifacio Díez Sevillano o José Ángel Fuentes Gago. Este grupo no se crea expresamente contra el independentismo. Empezaron a hacer trabajos sucios para enriquecerse y ascender, y acabaron por ofrecer sus servicios al Gobierno de turno en interés propio. Pero es el Ejecutivo del PP el que más demanda sus fechorías. Y pronto focaliza buena parte de esas malas artes en el frente independentista.

El comisario Villarejo esparce su toxicidad durante casi veinticinco años. Era policía desde los años setenta, cuando estuvo destinado en la comisaría de San Sebastián. Sus servicios contra el terrorismo etarra le granjean la consideración de sus superiores. De 1983 a 1993 se dedica a la actividad privada, pero se reincorpora al cuerpo de la mano del ministro socialista José Luis Corcuera. Desde fuera de la Policía había seguido aportando información sobre ETA y en el ministerio le consideran un valioso colaborador. Pero siguen dejando que mantenga sus actividades privadas para que conserve sus elevados ingresos. Villarejo se aficiona a grabar a todo el mundo, incluso a sí mismo, y a acumular información de todas las esferas del poder en España, y a mercadear con ella. Lo hace hasta que se jubila en 2016, pero incluso más tarde comercia con la información acumulada, por dinero y para defenderse judicialmente. Gracias al blindaje de saber más que nadie de todo el mundo y a convertirse en una pieza útil para trabajos sucios, Villarejo permanece en su puesto mientras pasan por Interior casi una decena de ministros.

Así que, cuando el independentismo eclosiona con fuerza en Cataluña y se convierte en un problema para Rajoy, ahí está Villarejo para prestar sus servicios. La operación para frenar por todos los medios el movimiento por la secesión se concentra entre 2012 y 2014. Aunque quizá habría que remontarse a unos años antes. El 7 de julio de 2010, la expareja de Jordi Pujol Ferrusola —primogénito del *expresident*—, Victoria Álvarez, y la dirigente del PP catalán Alicia Sánchez-Camacho comen en el restaurante La Camarga de Barcelona. Han sido presentadas por Jorge Moragas, jefe de gabinete de Rajoy. La conversación queda grabada (su contenido saldrá a la luz en 2013) y en ella Álvarez le explica movimientos de dinero en metálico de Jordi Pujol Ferrusola. La familia Pujol está en el punto de mira. Las informaciones que durante algún tiempo habían ido salpicando la prensa sobre presunta corrupción del entorno del *expresident* propician que este sea uno de los focos principales sobre los que se fija la llamada «policía patriótica».

El encuentro de La Camarga denota el afán del PP por desprestigiar el nacionalismo catalán, que siempre ha visto como un freno a su crecimiento en Cataluña y, por tanto, a su hegemonía española. Hundir la reputación de Convergència dejaría a sectores sociales como la burguesía catalana y sus clases medias huérfanas de referente político y ahí el PP cree que podría recoger los frutos. Es curioso que estas conversaciones en las que participa Sánchez-Camacho se produzcan en paralelo a su apoyo al Gobierno de Artur Mas, en minoría en el Parlament, aunque el *president* ya va preparando el terreno para un cambio radical de timón, dejando atrás la colaboración con los populares para abrazar la senda independentista.

En septiembre es cuando Mas deja claro a Rajoy que su plan es preparar una consulta sobre la independencia y convoca las elecciones catalanas para el 25 de noviembre de ese 2012. Y es en ese momento cuando empieza a intervenir a destajo el comando corrupto de policías. Por orden de quien es casi imposible de descifrar con pruebas. Lo fácil y lógico es apuntar al ministro del Interior en ese momento, Jorge Fernández Díaz, pero algunas fuentes señalan a María Dolores de Cospedal, bien conectada con la estructura de ese departamento puesto que había sido secretaria de Estado de Seguridad en la etapa de Aznar. Desde luego, las conversaciones grabadas que han salido a la luz después revelan una relación de confianza notable entre el excomisario y Cospedal. En todo caso, las actividades ilícitas tuvieron lugar durante muchos años y ninguno de sus superiores hizo nada para evitarlo.

Es justo en noviembre de 2012 cuando Sánchez-Camacho, alineada en el sector del PP que lidera Cospedal, habla con Villarejo de controlar a Mas, a Duran i Lleida y a Jaume Giró, entonces director general de la Fundació La Caixa, y que después sería *conseller* de Economía dentro de la cuota de Junts. En plena campaña electoral, el diario *El Mundo* publica un supuesto informe policial en el que se asegura que Mas, Pujol y sus hijos Jordi y Oriol tienen cuentas ocultas en Suiza. El rotativo insinúa que cobraron comisiones ilegales. En el caso de la familia Pujol se aseguraba que disponían de 165 millones de euros. Tanto Mas como los Pujol niegan los hechos y presentan querellas. Preguntado al respecto en ese momento, Jorge Fernández Díaz asegura que abrirá una investigación para saber de dónde ha salido ese informe, porque otros diarios empiezan a cuestionar su veracidad. Unos meses más tarde, el banco Lombard Odier desmentirá por escrito que Mas o los Pujol hubieran tenido ninguna relación con esa entidad. Pero Mas pierde doce de los sesenta y dos escaños que tenía, y lo atribuye a la divulgación de esas falsedades. En cualquier caso, el retroceso electoral, más que provocar un freno del proceso independentista, aún lo alienta más.

Conversaciones grabadas por Villarejo a finales de 2012 (y desveladas más tarde por *El País* y *El Món*) aclaran parte de lo ocurrido. En una de ellas, el excomisario cuenta que, según el empresario Javier De la Rosa, Pujol tiene cuentas en el banco suizo Lombard. De hecho, De la Rosa iba explicando ese asunto a todo aquel que quería escucharle desde hacía tiempo, pero ningún periodista había reunido pruebas que le permitieran publicarlo. En otra grabación, Villarejo habla con Fernández Díaz, que le pregunta si la información sobre corrupción de Artur Mas y de Jordi Pujol se puede judicializar e insta a hablar de ello con el fiscal general del Estado. Es una reunión que el ministro mantiene el 16 de diciembre de 2012 con los policías Pino y Villarejo, en la que afirma, según las grabaciones del excomisario: «Negaré, incluso bajo tortura, que esta reunión ha existido». Efectivamente, lo negaría más adelante en sede parlamentaria y ante el juez. Incluso después de las filtraciones, el ministro lo niega en una nota a los medios de comunicación.

En otra grabación de una conversación entre Villarejo y el que fue director de *El Mundo*, Pedro J. Ramírez, mantenida en 2015, ambos recuerdan aquella época de la operación Pujol del 2012. El excomisario reconoce al periodista su «mérito» en la tarea de desprestigiar al independentismo y explica que su objetivo entonces fue «reventar» la negociación que supuestamente estaba llevando a cabo «el ministro» con «el vejete» y que interfería en «el trabajo de puta madre» que estaban haciendo él y sus compañeros de la Policía. ¿A qué se refiere Villarejo? Pues alude a una iniciativa que tuvo en aquel otoño del 2012 Fernández Díaz, quien solicitó permiso a Rajoy para ir a ver a Pujol y pedirle que hiciera lo posible por frenar la deriva independentista del partido que fundó. Pujol y Fernández Díaz se conocen desde que el primero era *president* de la Generalitat, y el segundo, gobernador civil de Barcelona. Ambos conversaron, por ejemplo, la noche del golpe de Estado de 1981. El ministro creyó que podría influir en el ya *expresident*. Ambos se encuentran en Barcelona y Pujol le entrega un libro para que se lo dé a Rajoy de su parte: *El caminant davant del congost*.[1] En versión castellana. Se trata de una recopilación de conferencias y artículos de Pujol con un texto en el que concluye que ya no tiene argumentos para refutar al independentismo y que la disyuntiva para Catalunya era ser independiente o convertirse en residual.

Las actividades de Villarejo y sus compinches no se interrumpen después de las elecciones catalanas. Ni mucho menos. De hecho, la bomba estalla más tarde. El 7 de julio de 2014, *El Mundo* publica un «pantallazo» con información bancaria de los Pujol en Andorra. El día 14, la familia presenta declaraciones complementarias a Hacienda en las que aflora

1. Jordi Pujol, *El caminant davant del congost: quant tot és difícil i necessari*, Barcelona, Pòrtic, 2012.

un patrimonio total de más de cuatro millones de euros depositados en la Banca Privada d'Andorra (BPA). Y el día 25 se produce la gran explosión del caso, cuando el *expresident* en persona confiesa que durante treinta y cuatro años tuvieron dinero en Andorra, que él asegura que procede de la herencia de su padre y que no encontró el momento de regularizar. Pujol confiesa movido por la información publicada antes en *El Mundo*.

Cómo llegó esa información bancaria a manos del diario se conocería bastante más tarde, cuando se publican más detalles que demuestran la actividad de estos policías corruptos. En 2022 se destaparán algunos de sus desmanes: los directivos de la BPA estaban siendo investigados por tener entre sus clientes a presuntas tramas criminales y fueron conminados por policías españoles a que les facilitaran datos bancarios de Artur Mas, Oriol Junqueras y Jordi Pujol. Según una grabación realizada por Villarejo, una persona de la embajada de España en Andorra, el agregado de Interior Celestino Barroso, habla con el consejero delegado de la BPA, Joan Pau Miquel, requiriéndole datos de los dirigentes independentistas y amenazando, de lo contrario, con que el banco recibiría un «hachazo». La BPA sostiene que Interior, como venganza por no obtener más información, maniobró ante Estados Unidos para lograr que el banco acabara cerrando por investigaciones sobre la financiación del terrorismo. El cuadro se completa con un extraño viaje de Rajoy a Andorra. Fue el primer presidente español en visita oficial al país de los Pirineos, el 7 de enero de 2015. Una juez investiga el supuesto chantaje de la «policía patriótica» a los responsables de la BPA para que les entregaran información bancaria sobre líderes independentistas. El extinto banco sospecha que Rajoy presionó a los dirigentes andorranos para que soltaran esos datos. De hecho, la juez ha incluido al expresidente del Gobierno en su investigación.

La primera condena de cárcel relacionada con la manipulación de pruebas en el caso Pujol llega en mayo de 2022, cuando el Tribunal Superior de Justicia de Madrid impone un año de cárcel a Eugenio Pino, que es condenado por revelación de secretos en el caso Pendrive. Los jueces consideran que el excomisario facilitó al Centro Nacional de Inteligencia (CNI), a la Unidad de Delincuencia Económica y Fiscal (UDEF) de la Policía y al juzgado que investigaba el caso Pujol, una unidad de memoria con información del primogénito del político cuyo origen era ilícito.

La «policía patriótica» no descansa. En octubre de 2014, a poco más de una semana de la consulta soberanista convocada por Mas, *El Mundo* publica en portada que el alcalde de Barcelona, el convergente Xavier Trias, mantuvo durante años una cuenta en Suiza hasta que, coincidiendo con el escándalo por el caso Pujol, la traspasó a Andorra con casi 13 millones de euros. El propio banco suizo desmintió por escrito esa información. Los audios de conversaciones grabadas por el propio Villarejo demostrarían que él y el número dos de Interior, el secretario de Estado de Seguridad Francisco Martínez, urdieron el asunto de las cuentas en Suiza y su divulgación.

Martínez mantiene una relación muy estrecha con Villarejo. En una de las declaraciones de Fernández Díaz ante el juez, el exministro relata que un día, al poco tiempo de llegar a Interior, recibe la visita de Juan Cotino, entonces presidente de las Cortes Valencianas, pero que había sido director general de la Policía bajo el mandato de Aznar, justo antes de que Cospedal llegara a Interior. Según esa narración, Cotino (fallecido por covid) le pide a Fernández Díaz que trate con cierta deferencia a Villarejo, a quien define como un policía que ha hecho grandes servicios al país. El ministro establece que el comisario mantenga una relación preferente con el secretario de Estado de Seguridad, Francisco Martínez.

La «policía patriótica» es un intento de buscar un atajo para hacer bajar lo que el Gobierno de Rajoy denomina el «suflé independentista». La idea es que si aflora la corrupción en el seno del nacionalismo catalán se producirá el desapego social necesario para desinflar la ebullición separatista calentada por los líderes políticos para sacudirse de encima las consecuencias de la crisis económica. Otro error de cálculo. ¿Sabía Rajoy lo que estaba ocurriendo en Interior? Como es obvio, él rechaza tajantemente cualquier vinculación. Pero Rajoy tenía varios canales para conocer lo que estaba ocurriendo. Fernández Díaz es uno de esos políticos que existen en los partidos de una fidelidad extrema, dispuesto a sacrificarse por su líder si este se lo pide. De hecho, la vicepresidenta Soraya Sáenz de Santamaría justificó en una ocasión en privado su designación como ministro del Interior porque es una cartera siempre controvertida y él podía ejercer de «fusible» sin problemas para evitar que un escándalo perjudicase al presidente. Fernández Díaz no es, además, una persona parca en palabras. Tiende a explicarse ante su superior para que quede clara su entrega al trabajo encomendado. Así que si el ministro sabía algo de lo que estaba ocurriendo, resulta difícil creer, prácticamente imposible, que no le dijera nada a Rajoy sobre los desvelos policiales para defender al Estado de la amenaza secesionista. Por otro lado, Cospedal, mano derecha de Rajoy, era perfectamente conocedora de las actividades de Villarejo, si es que no las instigó. Ella se ocupó en persona de maniobrar para que el caso Gürtel no salpicara al presidente, y utilizó para ello a Villarejo, tal como se refleja en las numerosas grabaciones del excomisario. Así que es impensable que no le explicara a su jefe las evoluciones de sus pesquisas. Todo ello sin contar con que tanto Cosidó como Martínez tenían acceso directo al presidente y habían ido en más de una ocasión a la Moncloa a hablar con él.

Algunos analistas han explicado la pervivencia de Villarejo y compañía durante años como una excrecencia del franquismo y del modo como España se adentró en la democracia, ya que este grupo corrupto hizo de las suyas durante muchos años y bajo Gobiernos de distinto signo político. De hecho, Villarejo fue condecorado seis veces en su larga carrera. La primera fue en 1975, cuando estaba destinado en San Sebastián. Después, en 2009, ya con Alfredo Pérez Rubalcaba como ministro del Interior. Tres veces más en 2012, con Fernández Díaz, para distinguir a los agentes que llevaban más de veinte años de servicio. Y la última en 2013, a propuesta de Eugenio Pino, quien le propuso por «su meritoria trayectoria profesional».

La existencia de los Grupos Antiterroristas de Liberación (GAL) fue posible gracias a un tácito respaldo social que avalaba casi cualquier tipo de actuación frente a ETA. Según la tesis de algunos analistas, existió el terrorismo de Estado y durante los años en que esa amenaza ya declinaba actuaron tramas de corrupción policial de las que el PP se aprovechó para múltiples encargos, entre ellos tratar de desestabilizar el independentismo. Durante el mandato de Rajoy no solo se permitieron esas cloacas del Estado, sino que se actuó en connivencia con ellas, como revelan muchos de los documentos y conversaciones publicadas en distintos medios de comunicación. La tremenda impunidad de la que gozaron esos policías corruptos hizo que sus tentáculos se extendieran cada vez más, lo que acabó volviéndose en contra de algunos de los que las ampararon.

Un sentimiento de humillación

El 9-N supone un punto de inflexión para el PP. Buena parte del partido y de sus votantes se sienten humillados. Sobre todo cuando Mas proclama los resultados con toda la pompa, incluida la traducción a varios idiomas como deferencia a los numerosos periodistas extranjeros que han llegado a Barcelona para cubrir el acontecimiento. Y eso explica también la reacción del Gobierno del PP ante el futuro referéndum del 1 de octubre del 2017.

La consulta o «proceso participativo» del 9-N de 2014 provoca una división de pareceres en el seno del Ejecutivo de Rajoy. Por un lado, quienes tratan de convencer al presidente de que es algo que no se puede tolerar, que si se deja hacer sin más, los nacionalistas se envalentonarán y tratarán de ir más lejos. Instan, por tanto, a «actuar», aunque nadie llega a concretar en qué consiste esa acción. Otros, entre quienes se encuentran la vicepresidenta Sáenz de Santamaría y los ministros Ana Pastor, Fátima Báñez y Cristóbal Montoro, es decir, el círculo más próximo al presidente dentro del gabinete, abogan por darle la menor relevancia posible y tratarlo como una ocurrencia sin ningún tipo de consecuencia legal. El Govern ya ha presentado el formato de las urnas, fabricadas de cartón, lo que contribuye a dar la impresión, visto desde Madrid, de que aquello no es una votación seria. Finalmente, Rajoy hace caso a este segundo sector.

Pero llega el 9-N y las imágenes de las largas colas de ciudadanos esperando para ir a votar, el éxito de la movilización independentista, provocan un seísmo interno en el PP y en sus satélites económicos y mediáticos. Su impacto queda grabado en la retina de la derecha española como el ridículo del Estado. La sensación de que Rajoy no ha actuado con la contundencia necesaria cala en buena parte del PP. Si no aflora más es porque, al fin y al cabo, el partido sigue instalado en la confortabilidad del poder.

La celebración del 9-N no apacigua la situación en Cataluña. Al contrario. Después de la consulta, Mas adelanta de nuevo las elecciones a septiembre de 2015 y las plantea como un plebiscito sobre la independencia. Las reclamaciones económicas pasan a un segundo plano y tanto Convergència como su socio parlamentario, ERC, se lanzan a prometer que la secesión está al alcance de la mano. Pero las elecciones ponen de manifiesto que la mayoría absoluta independentista requiere de un tercero en discordia, y Mas renuncia a la presidencia de la Generalitat a manos de las exigencias de la CUP, que sitúa su retirada como condición para apoyar un Gobierno presidido por Convergència. Empieza una nueva etapa, la de Carles Puigdemont al frente, con Oriol Junqueras como *vicepresident*, en la que se promete la secesión en dieciocho meses, aunque enseguida se reorientará ese discurso hacia la celebración de un referéndum de autodeterminación.

Si no fue posible el entendimiento de Rajoy con Mas, menos lo va a ser con Puigdemont. Ambos se conocieron en la inauguración de la estación del AVE en Girona, cuando el segundo era alcalde de esa ciudad. Era fácil de recordar el encuentro porque Puigdemont insistió mucho en tomar la palabra y en el Gobierno del PP cundía la preocupación por que en su discurso hiciera algún desplante al rey Felipe VI, que presidía el acto. Desde la Moncloa se le pidió a Puigdemont que se mantuviera dentro de los límites de la institucionalidad y este cumplió más o menos con esa premisa. Hizo un discurso algo airado, muy quejoso con la falta de inversiones y los incumplimientos del Gobierno que provocó muecas de disgusto en la comitiva madrileña, pero no fue más allá. Como presidentes, ambos mantienen varios encuentros, tanto públicos como privados, sin llegar a entenderse en absoluto. Dos monólogos.

Quizá la entrevista que marca con más claridad el desencuentro entre ambos es la que mantienen en secreto el 1 de enero de 2017. Comparten el almuerzo de Año Nuevo. Y hablan con total sinceridad. En esa reunión, Rajoy le pregunta a Puigdemont: «¿De verdad crees que yo voy a autorizar un referéndum de independencia?». «No lo creo porque no puedes», es la contestación que, según el líder del PP, dio el *president* de la Generalitat. A partir de entonces, Rajoy considera que nada de lo que está en su mano hacer va a frenar las intenciones de su interlocutor.

Ante la evidencia de que el independentismo está decidido a continuar con sus planes, el Ministerio del Interior empieza en 2016 a trabajar con diversos escenarios. Se aborda un «análisis de la amenaza en el plano teórico», según fuentes de ese departamento. El CNI y la Guardia Civil compiten por proporcionar información de lo que está pasando en Cataluña. La rivalidad entre la vicepresidenta Sáenz de Santamaría y Cospedal, ya como ministra de Defensa, empieza a manifestarse con mayor crudeza. Ambas sostienen un pulso que se va agravando, además, conforme el escándalo del caso Gürtel, una red de corrupción en el PP, ocupa la atención mediática. Cospedal, como secretaria general del partido, tiene que lidiar con las explicaciones sobre las actividades ilícitas del tesorero, Luis Bárcenas, y contempla con resentimiento que su colega de gabinete evite compartir ese peso, ni siquiera de forma colateral, escudándose en que es una cuestión que solo atañe al partido.

En los medios de comunicación, la pugna entre Sáenz de Santamaría y Cospedal aparece casi como la caricatura de una rivalidad entre dos mujeres ambiciosas con demasiado afán de protagonismo. Pero en realidad se está disputando una lucha más profunda, que arrastra a muchos actores y que corroe al Gobierno de Rajoy hasta la médula. La cuestión catalana va a ser uno más de los escenarios de esa competencia brutal entre ambas. En 2016, el presidente pregunta a Cospedal si quiere ser ministra del Interior o de Defensa. Ella replica que de Defensa, siempre que se incluya en ese departamento al CNI. Es decir, que se le sustraiga a la vicepresidenta el control de los servicios secretos. Rajoy es muy dado a dividir el poder para que nadie atesore demasiado y escape a su control. Decide que Cospedal será ministra de Defensa, sin el CNI, pero con mando indirecto sobre Interior, a través de alguien de su confianza: Juan Ignacio Zoido (por cierto, Zoido es el hombre de Cospedal en Andalucía; Juan Manuel Moreno Bonilla, el de Sáenz de Santamaría).

De esta forma, la ministra de Defensa mantiene en todo momento acceso al flujo de datos procedente de la «policía patriótica», pero también de los servicios de información de la Guardia Civil. Y, por su parte, la vicepresidenta se nutre de la información del CNI, dirigido por Félix Sanz Roldán. Nacido en Uclés (Cuenca) en 1945, el general del Ejército Sanz Roldán llegó a la cúpula del CNI después del fracaso de su antecesor, un hombre de confianza de José Bono, Alberto Saiz, a quien los propios agentes del centro acusaron de comportamientos poco éticos con los fondos públicos. Es la etapa de Zapatero como presidente. En ese contexto, la llegada de Sanz Roldán calma las aguas en el centro. Es otro de esos personajes con acceso a una gran cantidad de información secreta que consigue mantenerse en su puesto durante muchos años, con Gobiernos de uno y otro color. Sanz Roldán se gana la confianza de socialistas y populares, además de la Zarzuela. Tanto es así que, en 2016, cuando están a punto de repetirse las elecciones por primera vez en la democracia española, su nombre brota con fuerza en los mentideros madrileños como un posible candidato a presidir el país como fórmula de consenso.

La vicepresidenta tiene total confianza en Sanz Roldán. Despacha con él con asiduidad sobre la situación en Cataluña. El director del CNI mantiene un choque con Interior porque aspira a quedarse con el control de los servicios de información de la Guardia Civil, atendiendo a que este es un cuerpo de carácter militar. Esta disputa se refleja, por ejemplo, en los recelos entre Sanz Roldán y alguien que será muy conocido a raíz del referéndum del 1-O: el coronel Diego Pérez de los Cobos. Este mando de la Guardia Civil gozaba de la confianza de Rajoy porque fue una pieza importante en las relaciones entre el líder del PP y Rubalcaba. El dirigente popular y el socialista trabaron confianza discutiendo sobre el pacto antiterrorista y Pérez de los Cobos hizo de enlace entre ambos.

Por otro lado, el director del CNI también estaba enfrentado a Villarejo a causa de las interferencias del comisario en el asunto de Corinna Larsen, la amante de Juan Carlos I. El general Sanz Roldán profesa amistad al rey emérito y trata de defenderle a toda costa. En cualquier caso, en Interior (léase a la sombra de Cospedal) no ven claro que el CNI se ocupe de investigar el independentismo y consideran que deberían dedicarse al terrorismo y otras amenazas internacionales, y dejar las indagaciones sobre Cataluña en manos de la Policía y la Guardia Civil. Tanto Cospedal como Sáenz de Santamaría tratan de hacerse valer ante Rajoy, proporcionándole información sobre el independentismo y, al mismo tiempo, desvirtuando la que aporta su rival.

El año 2017 comienza sin que se atisbe ninguna solución al conflicto catalán. Rajoy insiste de forma machacona en el mensaje de «diálogo dentro de la ley». En marzo, acude a Barcelona para anunciar un plan de inversiones en Cataluña de 4.200 millones de euros, pero esa promesa —similar a la que ya hiciera en su día Zapatero— no se traslada luego al proyecto de presupuestos. Su vicepresidenta abre una interlocución con el número dos del Govern, Oriol Junqueras. No es un secreto que el líder de ERC mantiene una tensa relación con Puigdemont. En la Moncloa piensan que podría introducirse una cuña entre los partidos independentistas que puede dar al traste con la intención de celebrar el referéndum. La relación entre Sáenz de Santamaría y Junqueras es buena, aunque quizá se exagera en los medios de comunicación. El gesto del republicano posando sus manos sobre los hombros de ella en actitud protectora durante la inauguración del Mobile World Congress abona esa teoría. En efecto, existe una vía de diálogo entre ambos, pero de ahí a la complicidad hay un trecho que no se acaba de recorrer. Sí es cierto que, por las conversaciones entre la vicepresidenta y Junqueras, en la Moncloa se tiene el convencimiento de que ERC prefiere un adelanto electoral a la celebración del referéndum.

El líder republicano le explica a Sáenz de Santamaría que él es independentista hasta la médula, pero que no tiene prisa en conseguir esa meta ni la desea a cualquier precio, sino que cree que en algún momento caerá como fruta madura si se trabaja sin descanso y a más largo plazo por conseguirla. Incluso, por esas mismas conversaciones, Sáenz de Santamaría llega a la conclusión de que una parte de los diputados de Junts pel Sí, el grupo parlamentario formado por ERC, Convergència e independientes, no ve claro dar su apoyo a las llamadas «leyes de desconexión» y del referéndum. En la Moncloa esperan que, en algún momento antes de esas votaciones, Junqueras propicie un cambio de guion. El fracaso de esa estrategia configura un relato dentro del partido conservador según el cual el líder de ERC logra engañar a la vicepresidenta; o bien esta se deja embaucar porque no lo ve venir, que es una interpretación más maliciosa y que gusta más a sus críticos en el seno del Gobierno y del PP.

Al mismo tiempo, Sáenz de Santamaría despliega una mayor presencia en Cataluña en lo que se empieza a conocer como operación Diálogo. El desfile de ministros es constante. Se rescatan las reivindicaciones de Mas y Puigdemont, y se abonan las promesas. Pero cuantos más anuncios se hacen, mayor es el escepticismo con el que son recibidos en Cataluña. Es tarde para plantear el cumplimiento respecto a infraestructuras que llevan décadas encalladas. En ningún momento se trata de negociar una solución al conflicto político ni en abordar ni siquiera una ampliación del autogobierno. Lo que busca el Gobierno del PP es recuperar terreno perdido. Existe la impresión en la Moncloa de que el Estado está desaparecido de Cataluña y se intenta corregir esa carencia deprisa y corriendo. Finalmente, Sáenz de Santamaría acaba por reducir sus visitas a reuniones con sectores más o menos afines y la operación Diálogo no solo se diluye como un azucarillo, sino que pasa a formar parte también de las ironías con que el independentismo descalifica las iniciativas que parten de Madrid para tratar, inútilmente, de rebajar su peso e influencia.

Uno de los encuentros discretos entre Rajoy y Puigdemont de esta época se produce en una vivienda particular. Almuerzan y charlan durante horas, sin la presión de los medios de comunicación esperando resultados. Rajoy le advierte de las consecuencias legales, jurídicas y penales de empeñarse en celebrar el referéndum. Puigdemont le reconoce que entiende los motivos por los que se niega a permitir esa consulta, pero insiste en que se debe al compromiso adquirido con los ciudadanos de Cataluña. Unos días más tarde, Rajoy telefonea al delegado del Gobierno en Cataluña, Enric Millo, para que le traslade al *president* que solo será posible seguir explorando el diálogo si no pone fecha y pregunta al referéndum. De lo contrario, el choque de trenes está asegurado. Es la misma solicitud que le hizo en su día a Mas, sin éxito. En junio de 2017, Puigdemont anuncia que la consulta tendrá lugar el 1 de octubre. La historia se repite.

Una ministra vigila el 1-O en Barcelona

Las reuniones públicas y secretas entre Rajoy y Puigdemont no sirven para encauzar el conflicto, que se dirige ya sin posibilidad de retorno hacia la celebración del referéndum. Ni el CNI ni Interior están en condiciones de asegurar que el independentismo no dispone de las urnas para la consulta. Pero Rajoy y su vicepresidenta así lo interpretan. «Con toda tranquilidad y con toda moderación, hay que decir que no habrá referéndum el día 1 de octubre», declara el presidente a principios de agosto. Convencida de ello, Sáenz de Santamaría repite a quien quiere escucharla que han peinado todas las empresas españolas que podrían fabricarlas. Según esa tesis, solo es posible que se repita lo que ya pasó el 9-N, es decir, un remedo de referéndum en urnas de cartón que nadie puede considerar en Europa más que como un nuevo acto de reivindicación.

El CNI actúa a partir de las instrucciones que cada presidente del Gobierno establece en la Directiva Nacional de Inteligencia. Sanz Roldán crea en 2015 la Unidad de Defensa de los Principios Constitucionales, motivado por un afán de proteger a la Corona, unos meses después de la abdicación de Juan Carlos I. La vicepresidenta da el visto bueno a esa unidad que, más adelante, se reorientaría a investigar el independentismo. Fuentes de los servicios secretos aseguran que durante los años en que Rajoy estuvo en la Moncloa el independentismo catalán se situó muy abajo en la escala de prioridades, entre las que siempre destacaban ETA, el yihadismo o Marruecos. Según esa tesis, no es que el CNI no encontrase las urnas, es que ni siquiera se dedicó a buscarlas. Sin embargo, aunque al principio del *procés* fuera así, resulta difícilmente creíble que esa actitud de dejadez se prolongara durante tanto tiempo. El enfrentamiento entre diferentes poderes dentro del Gobierno, el CNI bajo el control de la vicepresidencia frente al Ministerio del Interior (aunque Sáenz de Santamaría también dispuso de algunos enlaces con ese departamento como para conocer algunas de sus interioridades) bajo la tutela de Cospedal requería de tanto tiempo y esfuerzo en conspiraciones y maniobras que poco quedaba para una tarea tediosa como la de buscar las urnas.

El ministro Zoido prepara un desembarco policial de seis mil agentes en Cataluña. El contingente habitual en esta comunidad es de dos mil ochocientos policías nacionales y mil novecientos guardias civiles. Se fletan tres cruceros turísticos para alojar a la mayoría de ellos, que atracan en los puertos de Barcelona y Tarragona. Una de las embarcaciones hace fortuna debido a los dibujos serigrafiados de los Looney Tunes, con personajes como Piolín y el Pato Lucas, visibles en el casco. Así que los agentes acaban siendo apodados como «los piolines», no solo por los independentistas, sino por la mayoría de los catalanes, lo que aumenta la sensación de humillación en las fuerzas de seguridad. ¿Cómo se les ocurrió semejante idea?

Los mandos policiales alertaron a Interior de que no era posible alojarse en hoteles, ya que podían ser hostigados por activistas del independentismo. Se buscaron cuarteles, como los del Bruc, en Barcelona, y Talarn, cerca de Tremp. Pero lo cierto es que la presencia de instalaciones del Estado en Cataluña es escasa, así que resultaba insuficiente. En la Moncloa, en el gabinete de la vicepresidenta, surgió la idea de alquilar barcos. Interior propuso utilizar buques de la Armada, que Defensa se apresuraba a ofrecer. De hecho, Cospedal había sido partidaria de aumentar el contingente militar en Cataluña a raíz de los atentados yihadistas de agosto. Uno de sus hombres en Cataluña, Xavier García Albiol, aprovechó el acto en memoria de las víctimas que tuvo lugar en Barcelona con la presencia del rey para hablar directamente con Rajoy y proponerle que desplegase al Ejército. Le puso como ejemplo lo que estaba pasando en Francia, donde los militares patrullaban por las calles de París para prevenir atentados yihadistas. «Eso no lo voy a hacer, esa es la última medida y no quiero llegar a eso», contestó el presidente del PP. Más tarde, en una reunión con Zoido y el coronel de la Guardia Civil Pérez de los Cobos, encargado de dirigir el despliegue policial contra el 1-O, la ministra de Defensa plantea el refuerzo del Ejército en Cataluña para impedir el referéndum, pero en la Moncloa siguen rechazando esa posibilidad. Cospedal se resigna a aumentar los contingentes ya existentes en los pocos acuartelamientos de Cataluña y, eso sí, desplazar el máximo de tropas posible a las zonas de Aragón y Comunidad Valenciana fronterizas con Cataluña, por si fuera necesario contar con ellas en el último momento.

En la Moncloa no quieren la imagen de barcos de guerra atracados en el puerto de Barcelona, ni siquiera para servir de alojamiento a los policías. Se plantea también que el Ejército se dedique a cubrir las funciones de los guardias civiles y agentes que prestan su servicio en Cataluña, básicamente en la protección de instalaciones del Estado, como aeropuertos, centrales nucleares y otros equipamientos para liberar a aquellos y destinarlos al dispositivo del 1-O. Pero resulta operativamente complejo. Finalmente, se aprueba el despliegue de agentes procedentes de otras zonas de España y su alojamiento en cruceros. Todo se dispone a toda prisa, la movilización del personal, los alquileres, los seguros... Lo que nadie se esperaba es lo de los dibujos animados. Eso sí fue una sorpresa monumental.

Con todo dispuesto, en las semanas anteriores al 1-O cunden los interrogantes en el Gobierno. Rajoy y su vicepresidenta preguntan con insistencia a los mandos de Interior por la posibilidad de cerrar los colegios para impedir el referéndum.

La respuesta del ministerio es que no se dispone de suficientes agentes como para llevar a cabo esa medida en los más de dos mil seiscientos colegios en los que está prevista la votación. De hecho, según explicaría más tarde la Generalitat, se llegan a cerrar cuatrocientos. Además, había que mantenerlos clausurados desde un par de días antes para evitar, como así acabaría ocurriendo, que muchos ciudadanos se encerraran dentro. A Sáenz de Santamaría le parece increíble que todo un Estado no pueda impedir que se celebre un referéndum ilegal en una comunidad autónoma y así lo manifiesta a sus colaboradores.

En Interior sostienen que la única vía para cerrar los colegios desde el viernes es tomar el control político de los Mossos d'Esquadra mediante una intervención de la autonomía, sea por la vía del artículo 155 de la Constitución o apelando a la Ley de Seguridad Nacional, o mediante algún otro mecanismo legal. El presidente no ve clara la idea de arrebatar a la Generalitat el mando sobre su policía, así que solo quedan dos opciones: o se permite celebrar el referéndum como se hizo en su día con el 9-N, haciendo la vista gorda, o se trata de impedirlo en algunos colegios para dejar claro que sus resultados no pueden ser considerados válidos en ningún caso. Se elige la segunda. Y eso lleva directamente al uso de la fuerza policial.

La noche antes del 1 O, Rajoy y Sáenz de Santamaría mantienen una videoconferencia con los enviados a la Delegación del Gobierno en Barcelona, donde se encuentran el número dos de Interior, José Antonio Nieto, y el coronel Pérez de los Cobos, entre otros. El presidente les pide que impidan sobre todo las imágenes de las colas de personas dispuestas para votar que se pudieron ver el 9-N. Rajoy admite en ese momento su inquietud por que se repita aquel episodio: «Lo pasé muy mal». «Me temo que eso no es lo que te tiene que preocupar», le contesta uno de los interlocutores. En esa manifestación del presidente se evidencia el trauma que supone para el líder del PP que se le acusara de blando por no haber hecho nada para impedir la consulta organizada por Mas en 2014. Más allá de las preguntas que formula en los días anteriores y de esa confesión en vísperas del 1-O, Rajoy no se interesa en absoluto por los pormenores del operativo policial. Nunca lo ha hecho, ni siquiera cuando fue ministro del Interior preguntaba por ese tipo de detalles.

De farol, nada. Las urnas, más de diez mil, están dispuestas en todos los colegios. Son de plástico. Como esos recipientes que se utilizan para mantener el orden en cualquier vivienda. Grandes y con el emblema de la Generalitat grabado. El ridículo del CNI y de las fuerzas de seguridad del Estado es contundente. Un gol por toda la escuadra. Pero es el día D y hay que tomar decisiones. ¿Quién da la orden de cargar? La respuesta no es sencilla. La instrucción oficial a los mandos de los agentes que parte de la Secretaría de Estado de Seguridad, que dirige Nieto, es que cumplan con la resolución judicial para impedir la celebración del referéndum. En cuanto al operativo sobre el terreno, a los agentes se les explica que acudan a la mesa electoral, expliquen su cometido, pidan la entrega de las urnas y el cierre del colegio. Algo así como cuando el policía para a un conductor y, después del pertinente saludo, inquiere: «¿Sabe usted por qué le hemos parado?, ¿me da su documentación?».

El operativo se llama operación Avispa. Consiste en entrar rápido en los colegios, hacerse con el material y salir lo más deprisa posible. Solo si se encuentra resistencia a la salida se actuará «de manera defensiva» para abrirse paso. En la práctica, la mezcla de votantes dispuestos a defender las urnas con los policías, equipados como antidisturbios, a los que se les ordenó impedir el referéndum, acabó en choques violentos. Las imágenes de agentes cargando contra personas indefensas que pretendían ir a votar darán la vuelta al mundo, por más que Interior insista en que también hay policías agredidos. Pero la desproporción es evidente. Rajoy, Sáenz de Santamaría y otros colaboradores se mantienen en contacto permanente desde la Moncloa mediante videoconferencia con la Delegación del Gobierno en Barcelona, al frente de la cual está Enric Millo, persona de confianza de la vicepresidenta.

Pero De los Cobos y Nieto no son los únicos representantes del Gobierno central en Cataluña con motivo del 1-O. Otra persona relevante llega la noche antes para comprobar sobre el terreno cuál es la situación. Se trata nada menos que de la ministra de Defensa, que acude al hotel Gran Marina, en el Port Vell de Barcelona. Nadie en la Moncloa sabe de ese viaje de Cospedal. En ese establecimiento está reunida la dirección del PP catalán, que preside García Albiol, para seguir la jornada del referéndum lejos de la sede del partido, donde creen que pueden producirse incidentes. Cospedal se ha buscado esa coartada para presentarse como secretaria general del partido y, como tal, no tiene por qué informar a la Moncloa de su presencia en Barcelona. Se queda hasta primera hora de la tarde del día 1, ya que almuerza con los dirigentes del PP catalán, que interpretan su visita como un gesto de apoyo en momentos complicados. Pero es obvio que la ministra ha decidido pulsar la situación sobre el terreno sin justificarlo ni a sus colegas de gabinete ni tampoco a los medios de comunicación. Una muestra evidente de la fractura que existe en el PP respecto a Cataluña y que, sin duda, será determinante para el futuro de la formación, cuando llegue el relevo de Rajoy.

Las cargas policiales no causan ninguna inquietud en la ministra de Defensa, según los testigos que ese día tienen la oportunidad de contemplar con ella las imágenes por televisión y compartir impresiones. No considera en ningún momento que sean desproporcionadas, ni mucho menos desafortunadas para el curso político de los acontecimientos. Los responsables del operativo aseguran que las órdenes no fueron recurrir a la fuerza de cualquier forma, sino solo en el caso de que los agentes se vieran agredidos o su actuación fuera impedida por los votantes, y que eso solo se produjo en treinta o cuarenta colegios de un total de unos dos mil cuatrocientos. Pero las imágenes hablan por sí solas. Policías pertrechados como antidisturbios aporreando a personas de todas las edades, entre ellos mayores, que acuden a los colegios para votar.

El 1-O deja además un poso de rencor hacia los Mossos, ya que los mandos de la Policía Nacional y la Guardia Civil creen que los agentes autonómicos los abandonaron y que si hubieran ayudado a impedir la votación, habría sido posible evitar las cargas. A primera hora de la tarde de ese 1 de octubre, las actuaciones policiales cesan y se permite la votación. Ese parón lleva a los independentistas a creer que en la Moncloa han recibido alguna llamada de Europa, quizá de la mismísima Angela Merkel, para que cese la violencia. En realidad el Gobierno del PP considera que ya ha conseguido el objetivo principal: desvirtuar la elección, evitar que el referéndum pueda ser considerado asimilable a una votación legal. El mando de Interior desplazado a Barcelona propone aflojar la presión sobre los colegios por ese motivo y también porque la mayoría de los agentes llevan desde las cuatro de la madrugada en pie, movilizados, y ponderan que son demasiadas horas sometidos a una fuerte tensión. De ahí que la situación cambie por completo por la tarde. Nadie llamó a la Moncloa y nadie telefoneó desde esta a Barcelona.

El Gobierno intenta imponer un relato que no consigue abrirse paso. Se trata de deslegitimar el referéndum subrayando que no hay un censo legal, que se han repetido votaciones, que se han manipulado las urnas y los resultados... Mientras, la Generalitat insiste en el mensaje de que han participado 2,2 millones de votantes, es decir el 42 % del censo, que la sociedad catalana ha hablado. Más adelante surgirá una división en el independentismo entre quienes consideran que el resultado es vinculante y hay que proclamar la secesión, y quienes lo ven como una victoria que refleja que la sociedad catalana reclama a gritos un referéndum legal, aunque este no pueda ser considerado como tal.

Pero lo importante de esa jornada es el reflejo de la represión policial. Para los independentistas supone un triunfo que los ayuda a situar su reivindicación en el primer plano de la actualidad mundial. En cambio, pese al coste en reputación que ello supone para el Estado español, Rajoy y sus colaboradores valoran que se ha evitado un mal mayor, es decir, que un país europeo pueda reconocer de alguna forma los resultados del referéndum. No era esta una cuestión menor. A través del CNI, el Gobierno tenía información de que algún país, por ejemplo Kosovo, o algún organismo de verificación democrática de un Estado nórdico, podían llegar a reconocer el referéndum si se hubiera desarrollado por cauces tranquilos y con una elevada participación.

El canto de un duro en Europa

La posibilidad de un reconocimiento o declaración de apoyo al independentismo por parte de algún actor internacional planea en los últimos días. Y es el motivo principal por el cual el rey se decide a pronunciar su discurso del día 3 de octubre, aunque en ese momento a Rajoy no le parece muy buena idea porque cree que la intervención de Felipe VI es el último cartucho. El monarca considera que ha llegado el momento de lanzar un mensaje de firmeza, ya que recibe síntomas de inquietud y desorientación por parte de mandatarios europeos a través de canales diplomáticos. Es consciente de que su mensaje, muy crítico con el independentismo y sin el más mínimo gesto de comprensión hacia quienes han sido reprimidos por la policía el 1-O, va a provocar sarpullidos en una parte importante de Cataluña e incluso puede reportarle recibimientos desagradables, como así ocurriría más adelante. Pero el rey estima que su obligación es dejar claro que el Govern de la Generalitat está actuando al margen de la ley. Es un mensaje dirigido a los españoles en su conjunto más que a los catalanes en particular, a los poderes del Estado y, sobre todo, al ámbito internacional.

La inquietud por ese frente se ha apoderado del Gobierno de Rajoy. Desde hace casi un año, Alfonso Dastis es el ministro de Exteriores en sustitución de José Manuel García-Margallo, relevado por incompatibilidad de caracteres con el presidente. Rajoy no soporta al ministro, pese a que le fue recomendado por su cuñado, Francisco Millán, y le releva por Dastis, también por consejo del mismo familiar. Es cierto que García-Margallo parecía ir por libre. No escondía su inquina hacia la vicepresidenta, a la que llegaba a llamar despectivamente «la Albóndiga» (Cospedal prefería «la Pequeñita»). Aunque no es el motivo de su destitución, García-Margallo gustaba de interferir en la cuestión catalana. Participó, por ejemplo, en un cara a cara en 8TV, la televisión del Grupo Godó, en Cataluña, con Oriol Junqueras. Lograron gran eco sus vaticinios sobre una Cataluña independiente que «vagaría por el espacio» sin lograr reconocimiento internacional. También había llegado a elaborar, previa consulta a expertos, un borrador de modificación de la Constitución para tratar de abordar las demandas de un mejor encaje de Cataluña en España. Para Rajoy, todo eso no tenía ningún sentido.

El líder del PP nunca ha sido partidario de una reforma de la carta magna. Suele repetir que España es uno de los países más descentralizados del mundo y que las comunidades autónomas tienen más poder político que el propio Estado. Un sentir generalizado en las filas del PP. En el análisis de lo ocurrido en Cataluña, los populares, sean del sector más conciliador o del más duro, coinciden en que las autonomías cuentan con una capacidad de autogobierno que ha tocado techo, a no ser que se pretenda desmembrar el Estado. De hecho, consideran que la escasa presencia del Estado en Cataluña es una de las causas principales del auge independentista y de la imposibilidad de hacerle frente. Una ausencia que, en su opinión, ha supuesto la desaparición del referente estatal en la vida cotidiana de los catalanes. Es lo que imposibilita que pueda contarse, en el plano práctico, con un amplio despliegue policial el 1-O. Pese a ese lamento, lo cierto es que el grueso del despliegue de los Mossos como policía integral en Cataluña se hizo precisamente gracias a acuerdos entre el nacionalismo catalán y los Gobiernos de Aznar de los que Rajoy formó parte. En cualquier caso, el presidente no es partidario de un cambio constitucional para mejorar el modelo territorial. Cree que esta cuestión ya fue la más difícil de encajar en el consenso de 1978 y que ahora, de abrirse ese melón, sería imposible cerrarlo con el mismo grado de acuerdo de las fuerzas políticas con que se culminó durante la Transición.

Dastis acomete la labor de tratar de atajar la intensa actividad del independentismo en el extranjero, tanto mediática como política. Lo cierto es que Puigdemont y los suyos han promovido un despliegue impresionante en ese flanco, mientras que Rajoy —cuyo conocimiento de idiomas es muy escaso— casi no ha movido un dedo. Empieza a hacerlo en este tramo final del choque de trenes. A cinco días de la celebración del referéndum, Donald Trump recibe a Rajoy en la Casa Blanca. La motivación principal, para la Moncloa, es conseguir una declaración del presidente de Estados Unidos contraria al independentismo catalán. Jorge Moragas, jefe de gabinete de Rajoy, presiona precisamente para que el encuentro se produzca antes del día 1 de octubre. «España es un gran país y debería seguir unido», proclama Trump. La frase que se buscaba y que justifica todo el viaje.

En el ámbito internacional, el relato del independentismo ha ido cuajando durante los últimos años. Los corresponsales extranjeros se vuelcan en entrevistas y reportajes sobre el independentismo catalán. Mientras, el Gobierno del PP hace como si todo eso no existiera. Tanto es así que en Europa apenas causa inquietud el episodio de los días 6 y 7 en el Parlament, cuando se aprueban las «leyes de desconexión» que, pasando por encima de la Constitución y el Estatut, proclaman de forma unilateral una nueva arquitectura legal para la transición hacia la independencia. Es el día 1 de octubre cuando el foco de Bruselas se vuelca sobre Cataluña. Las imágenes de la violencia policial causan una fuerte perturbación en la Unión Europea. Los comentarios de los corresponsales de todos los países destinados en la capital comunitaria destilan una evidente corriente de simpatía hacia el independentismo.

El primero en romper el silencio es el primer ministro belga, Charles Michel, de cuyo Gobierno forman parte los nacionalistas flamencos de la Nueva Alianza Flamenca (N-VA), que más adelante acogerían a Puigdemont en Bruselas. «¡La violencia no puede ser nunca la respuesta! Condenamos todas las formas de violencia y reafirmamos nuestro llamamiento para un diálogo político», tuitea. También el ex primer ministro belga Guy Verhofstadt, líder del grupo liberal en el Parlamento Europeo, al que están adscritos Ciudadanos y el Partit Demòcrata Europeu Català (PDeCAT), se pronuncia al respecto: «No quiero interferir en los problemas internos de España, pero condeno absolutamente lo que ha ocurrido hoy en Cataluña». Censura de manera explícita la desobediencia al Constitucional por parte de los independentistas, pero también «el uso desproporcionado de la violencia para detenerlo». Y aboga por «una solución negociada».

El líder de la oposición en Alemania y expresidente de la Eurocámara, el socialdemócrata Martin Schulz, expresa su «inquietud» por la tensión en Cataluña y apela a que «Madrid y Barcelona deben reducirla inmediatamente y buscar el diálogo». Los llamamientos en este sentido se suceden por parte de líderes de diversos países europeos. En los días anteriores, los dirigentes de las tres instituciones de la Unión Europea (Comisión, Consejo Europeo y Parlamento Europeo) habían rechazado los intentos del independentismo de recabar la mediación de Bruselas y habían dado su apoyo al Gobierno español, pero durante el 1-O guardan un prudente y elocuente silencio.

La catástrofe para Rajoy o la gran victoria para Puigdemont está a punto de dirimirse. El éxito del proceso independentista se juega estos días en Europa. Y la fortuna estará muy cerca de inclinarse del lado del Gobierno de la Generalitat. La misma semana del referéndum tiene lugar en Bruselas un pulso que podría cambiar el curso de la historia. La Conferencia de Presidentes del Parlamento Europeo es un órgano que reúne a los líderes de cada grupo político y al presidente de la institución. Lo que en España se conoce como la Junta de Portavoces de cualquier cámara parlamentaria. El jueves, 28 de septiembre, antes del 1-O, se reúne la Conferencia de Presidentes del Parlamento Europeo y el representante de Los Verdes, grupo en el que se inscribe ERC, propone un punto para que se debata sobre el inminente referéndum en Cataluña en el pleno de la próxima semana en Estrasburgo. Ahí saltan todas las alarmas para el Gobierno de Rajoy.

La oposición del grupo popular y del socialista, junto con la abstención de los liberales, impide que la propuesta salga adelante. Pero el riesgo para Rajoy no está conjurado, puesto que cualquier portavoz puede proponer un asunto al inicio del pleno y, si tiene suficiente apoyo en la Cámara, este se incluye entre los asuntos a debatir. Hacia las siete de la tarde del 1 de octubre, el teléfono de Esteban González Pons, eurodiputado del PP y vicepresidente del Grupo del Partido Popular Europeo, empieza a echar humo. Varios de sus compañeros de bancada, eurodiputados extranjeros de su grupo, le llaman bajo el impacto de las imágenes de la violencia policial en Cataluña. Consideran imposible que no se aborde el referéndum en el pleno de la Eurocámara la siguiente semana. La llamada definitiva es del alemán Manfred Weber. La situación se desborda por momentos. González Pons se lo comunica a Rajoy.

El debate sobre el 1-O en Estrasburgo parece inevitable. El Gobierno español se moviliza a través del presidente del Parlamento Europeo, Antonio Tajani, fundador del partido Forza Italia. González Pons propone cambiar el enunciado del punto de debate y sustituir la referencia al referéndum por una que aborde «Constitución y Estado de derecho» en España. Tajani hace gestiones para que sea posible y, de paso, habla también con los periodistas italianos para ir matizando su punto de vista. El Gobierno español obtiene el apoyo de socialistas y liberales. E incluso la aquiescencia de Los Verdes e Izquierda Unitaria al añadir la coletilla «y derechos fundamentales». También logran que el debate se desarrolle de forma que solo pueda intervenir una vez cada portavoz, lo que impide que tomen la palabra otros eurodiputados españoles y que se lleve la discusión hacia la cuestión de la independencia. El debate tendrá lugar así el día 4 de octubre.

Jorge Toledo, secretario de Estado para la Unión Europea, se planta en Bruselas y despliega una actividad frenética. Toledo, que más adelante, bajo gobierno de Pedro Sánchez, se convertiría en embajador de la UE ante China, se emplea a fondo en las negociaciones para acotar las consecuencias del 1-O en las instituciones comunitarias. Se piden favores a otros países. Y los favores en Bruselas siempre se acaban pagando. O intercambiando, úsese el término que se prefiera. El Ejecutivo hace el trabajo que casi no ha hecho en los últimos tres años. Entre las pocas sesiones organizadas por el Gobierno español para explicar a la prensa extranjera su punto de vista ante el conflicto catalán figura una visita de Íñigo Méndez de Vigo, ya ministro de Educación, en mayo de 2017, a Bruselas, enviado por Rajoy. El encuentro con los informadores fue fatal para los intereses de Madrid. Méndez de Vigo, un europeísta conocedor del entramado comunitario, expone razonamientos legales, constitucionales, pero topa con unos periodistas que le preguntan sin cesar sobre cómo vehicular la expresión de los sentimientos de miles de catalanes que quieren construir su propio país y sobre su derecho a decidirlo en las urnas.

Pero ahora el PP se mueve con rapidez. Enseguida se establece una alianza entre los eurodiputados españoles contrarios a la secesión: el popular González Pons, los socialistas Ramón Jáuregui e Iratxe García, y el de Ciudadanos, Javier Nart, adscrito a los liberales. Este último caso no es menor, ya que ese grupo está presidido por Guy Verhofstadt, ex primer ministro belga de origen flamenco y con cierta simpatía por movimientos independentistas como el catalán. Aunque Ernest Urtasun, de los comunes, está adscrito al grupo de Los Verdes, no se saldrá de la petición de diálogo y la crítica a las cargas policiales. De hecho, durante el pleno, solo Nigel Farage, del Partido del Brexit, expresará su apoyo nítido a los independentistas.

El Gobierno de Rajoy conjura así el riesgo de que el Parlamento Europeo acabe pronunciándose en defensa de un referéndum o de una mediación que equipare a Cataluña y España como dos entes al mismo nivel de reconocimiento internacional. Pero a partir de ese momento, en la Moncloa saben que el flanco europeo está en una situación muy débil. Y caen en la cuenta de que solo se han movido en el Europarlamento y es preciso pulsar el estado de ánimo en otra institución comunitaria, la Comisión Europea. Y ahí van a tener otra sorpresa.

El presidente de la Comisión Europea, Jean-Claude Juncker, está volando hacia la India ese 4 de octubre de 2017. En Bruselas ha dejado un discurso para que, en su ausencia, lo lea el vicepresidente Frans Timmermans. El texto ha sido redactado por el todopoderoso jefe de gabinete de Juncker, el alemán Martin Selmayr, conocido como «el Monstruo» incluso por su propio superior por su enorme capacidad de trabajo y de control de todo lo que pasa a su alrededor. Selmayr, a quien le ha llegado la inquietud europea por la violencia policial del 1-O, ha introducido en el discurso una referencia al conflicto catalán. Conocedor de todos los entresijos de la Comisión, este alto funcionario tiene fama de mover a su antojo los hilos de la institución, de ser un negociador implacable, capaz de sacar de sus casillas al más templado. En el texto que debía leer Juncker, Selmayr ha escrito que la Comisión Europea se ofrece a mediar entre España y Cataluña. Y su jefe lo ha validado antes de partir de viaje.

Los socialistas dan la voz de alarma. Se enteran de ese contenido porque el discurso está ahora en manos de Timmermans, que pertenece a su grupo político. Avisan al grupo popular, que a su vez telefonea a Madrid. Jorge Toledo, junto a Miguel Fernández-Palacios, consejero de asuntos parlamentarios en la Representación Permanente de España ante la Unión Europea, y González Pons, acuden al despacho de Timmermans. Faltan dos horas para pronunciar el discurso. Empieza una discusión para convencerle de que elimine del texto la referencia a una mediación entre Cataluña y España. Le advierten de que ello puede provocar un conflicto de primer orden entre Madrid y Bruselas. Timmermans se resiste. No tanto por el fondo, sino porque considera que su obligación es ejercer de sustituto de Juncker y, por tanto, leer el texto tal como lo dejó el presidente de la Comisión. Pero ahora resulta imposible contactar con él durante el vuelo y hay que tomar una decisión. La discusión sube de tono, acaba siendo muy acalorada. En algún momento, los enviados españoles están tentados de arrebatarle los papeles que están viendo encima de la mesa... Finalmente, logran su objetivo. Timmermans cede y lee el discurso con una velada alusión a Cataluña, referida a la necesidad de respetar la Constitución española.

Tanto Selmayr como Juncker actúan movidos por el impacto de las imágenes del 1 de octubre. Nadie del Gobierno de Rajoy había tenido la prevención de telefonear al presidente de la Comisión después de aquella jornada para influir en sus consideraciones sobre lo ocurrido. Cuando finalmente aterriza en la India, se le localiza y se le explica lo ocurrido, Juncker da su aval a la decisión finalmente adoptada. A partir de entonces, el Ejecutivo de Rajoy se pone manos a la obra para garantizarse que ningún Parlamento de un país europeo apruebe resoluciones que puedan servir de apoyo al independentismo catalán. Dinamarca o las repúblicas bálticas preocupan especialmente. También Eslovenia, que tiende a identificarse con Cataluña. En muchos de esos países el movimiento independentista ha hecho una labor de explicación exhaustiva y fervorosa de su causa durante los últimos años, así que no resulta fácil revertir el estado de opinión de sus dirigentes políticos.

Otros Estados, como Alemania o Francia, no dudan en respaldar al Gobierno español. El Reino Unido es un caso algo peculiar. En las negociaciones comunitarias, todo apoyo tiene un precio. Así que, cuando España pide a los británicos su apoyo en este asunto, Londres reclama a cambio que Madrid se comprometa a vetar un eventual ingreso de Escocia en la Unión Europea. La petición expresa la hace el embajador británico y se le garantiza que será así. Hace un año que ha tenido lugar el referéndum que avala la salida del Reino Unido de la Unión Europea. El Brexit está en plena negociación y Escocia reclama mantenerse bajo el manto comunitario y empieza a pedir un nuevo referéndum sobre su independencia. Ese es el contexto del favor que pide Londres y que le es concedido.

En esta actividad frenética para impedir un apoyo internacional al independentismo, aunque sea de algún país aislado, se enmarca el discurso del rey del 3 de octubre. En la Zarzuela empiezan a recibirse mensajes de cancillerías europeas a través de vías diplomáticas que denotan perplejidad ante lo que está ocurriendo en Cataluña. Además de las presiones procedentes de diversos poderes del Estado, que muestran su inquietud por el envalentonamiento del Gobierno de la Generalitat, la reacción dubitativa en el extranjero es una de las motivaciones de Felipe VI. En la Zarzuela se plantean que, si el rey no interviene en favor de la unidad de España en un momento crítico como este, su función y utilidad quedan en cuestión. Rajoy acaba aceptando y da el visto bueno del Gobierno al discurso. La sucesión de acontecimientos desde el día 1 como consecuencia de las impactantes imágenes de la represión policial revela hasta qué punto el independentismo ha estado cerca de conseguir un triunfo si algún país o institución de la Unión Europea hubiera salido a la palestra para proponer una mediación internacional. De hecho, en la Zarzuela cunde el malestar con Rajoy por no haber cuidado ese flanco durante los años del *procés*.

Puigdemont intenta explorar la vía de la mediación internacional unos días después, cuando ya está inmerso en el tira y afloja con el Gobierno central sobre si declara o no la independencia de manera unilateral (DUI). En esas jornadas, la esperanza del Ejecutivo catalán es que se produzca algún movimiento en favor de la mediación, ya que no ven manera de evitar el choque de trenes sin que su posición se vea ante sus seguidores como una claudicación. El día 10 de octubre, el *president* de la Generalitat anuncia la DUI para, a continuación, asegurar que la deja en suspenso. El pleno parlamentario en el que tiene lugar esa declaración empieza con retraso y el entorno de Puigdemont deja caer, a través de la Agència Catalana de Notícies (ACN), que se debe a que el *president* ha recibido una llamada sobre una posible mediación internacional. Se especula que el interlocutor es el polaco Donald Tusk, presidente del Consejo Europeo. La llamada no ha existido. De hecho, es bastante inverosímil que Tusk, que representa a los Estados, pueda hacer un ofrecimiento de esas características a estas alturas de octubre, cuando, ahora ya sí, el Gobierno español se ha volcado en evitarlo. Pero refleja las esperanzas de Puigdemont en un movimiento de este tipo. El propio *president*, en 2018, en su libro *La crisis catalana, una oportunidad para Europa*,[2] insiste en que la fórmula para desbrozar el conflicto pasa por una mediación europea y apunta de nuevo a Tusk para ese papel: «Es el único que se ha expresado de una manera muy correcta». En efecto, el presidente del Consejo había hecho declaraciones contemporizadoras que, comparadas con las más taxativas de Juncker, dejaba claro que si Cataluña se independizaba saldría de la Unión Europea. Pero eso no significa que Tusk se implicara hasta ese extremo en favor del Gobierno catalán.

No todas las gestiones de Puigdemont y su entorno para recabar respaldo internacional a su causa son tan transparentes. El *president* se reúne con dos supuestos emisarios del entorno del Kremlin días antes de la DUI. Esos dos personajes ofre-

2. Barcelona, Librooks, 2018.

cen apoyo militar y económico a un futuro Estado catalán, según declararía más tarde al juez el exsecretario de Relaciones Exteriores de Convergència, Víctor Terradellas, quien asegura que Puigdemont no dio credibilidad a esas promesas. Las reuniones se producen el 24 y el 25 de octubre de 2017 en la Casa dels Canonges, la residencia oficial del *president*, y en ellas participa Elsa Artadi, mano derecha de Puigdemont. Esos contactos no llegan a oídos de la Moncloa, lo que demuestra también que el CNI seguía sin disponer de información fiable sobre el independentismo, algo que se reafirmará más adelante, cuando el *president* logra huir a Bélgica.

¿Por qué el Ejecutivo del PP descuidó la tarea de explicar su visión del conflicto catalán en Europa? Lo cierto es que Rajoy aplicó a esta cuestión una de las máximas que le ha acompañado en su larga vida política: «Esto, por el libro». No es ningún enigma. Es la respuesta que algún profesor debía darle para indicar que esa materia se tenía que estudiar en el volumen académico correspondiente, es decir, que no era objeto de discusión en clase... Algo así como «aplíquese el manual». El «por el libro» en este caso suponía básicamente dos cosas: primera, que de explicar el conflicto catalán en el extranjero se ocupaban los diplomáticos y, segunda, como consecuencia, los argumentos eran esencialmente jurídicos, basados en la Constitución, en ningún caso de índole sentimental. Ese proceder fue un fracaso para el Ejecutivo popular, que se salvó por los pelos en el último minuto. Rajoy no hace ninguna autocrítica en ese aspecto. En su libro *Una España mejor*,[3] sobre su paso por la Moncloa, dedica un par de párrafos a la reacción internacional ante el 1-O: «El poco tiempo que me quedaba lo dedicaba a explicar a mis colegas europeos la evolución de la situación en Cataluña». Un corto

3. Barcelona, Plaza & Janés, 2019.

fragmento para agradecer su apoyo a diferentes mandatarios que, según él, veían con «estupor la contumacia de la Generalitat en contravenir la ley», y para asegurar que los medios de comunicación extranjeros «fueron intoxicados» por la Generalitat.

El independentismo se volcó durante años en la labor de explicar su causa en el extranjero. No solo a dirigentes políticos, sino también a los periodistas. Además, sus argumentos apelaban a los sentimientos de una parte de la sociedad cuya capacidad para expresar su identidad se reprime. De la misma forma que la expresión *derecho a decidir*, mucho más próxima que *derecho de autodeterminación*, hace fortuna en Cataluña, en Europa se incide en la incomprensión por parte del Estado español y sus oídos sordos a cualquier tipo de diálogo y negociación. Sin duda, ese mensaje obtiene más eco que el de los tentáculos del Gobierno, que se concentra en explicar que la Constitución no permite la celebración de un referéndum de independencia y que el grado de descentralización en España es de los más elevados de Europa. Mientras los corresponsales extranjeros son citados en el Palau de la Generalitat con frecuencia para reuniones *off the record* y dirigentes independentistas organizan encuentros con los periodistas destacados en Bruselas, el Gobierno del PP no lo ve necesario. Y, si en algún momento excepcional, reúne a medios de fuera, acaba por darles más una clase de derecho constitucional, sin apenas argumentos políticos, como ocurrió con Méndez de Vigo.

Aviso para navegantes

Si hay problemas que se abordan «por el libro», Rajoy tiene otra máxima para afrontar el resto de las cuestiones: «Cada día tiene su afán». Siguiendo ese criterio, no se deja llevar por las presiones cada vez más insistentes para que aplique el artículo 155 de la Constitución, que supone la intervención de la autonomía catalana. Ya hace meses, desde el fracaso de la operación Diálogo, que Rajoy ha encargado a Sáenz de Santamaría que lo prepare todo para esa eventualidad. Pero no se acaba de decidir a aplicarlo porque considera, según confiesa a sus colaboradores, que eso es dar «carácter de excepcionalidad» a lo que está pasando. No adoptar esa decisión es, para Rajoy, una forma de restar trascendencia a los pasos que dan los independentistas, de no tomárselos en serio. Es el mismo razonamiento que le llevó a recelar en un principio de la intervención de Felipe VI. Finalmente, el presidente decide que aplicará el 155 solo si se declara la independencia. Podría haber sido con motivo de la aprobación de las «leyes de desconexión», los días 6 y 7 de septiembre, en el Parlament, que pretendían suplir la legalidad española en caso de que el referéndum avalara el sí a la independencia. De hecho, hay cierto debate en la Moncloa sobre si aplicarlo en ese momento. También podría haber sido con motivo del 1-O, como le reclamaban desde Interior, para impedir la votación. Pero Rajoy se marca varias condiciones para dar un paso inédito en la democracia española. La primera es el detonante, la declaración de independencia. La segunda, contar con el apoyo del PSOE y Ciudadanos. La tercera, el respaldo de toda la UE, sin ninguna fisura.

Fruto de la primera condición se produce el intercambio de cartas entre Rajoy y Puigdemont en las que el primero insiste en que el segundo se pronuncie con claridad sobre si ha declarado la independencia o no, ya que el *president* de la Generalitat ha hecho un amago extraño, dejándola en suspenso. Es la espoleta que está esperando Rajoy. Su vicepresidenta ya tiene preparado todo el arsenal jurídico. Su condición de abogada del Estado, profesión que también abunda entre sus colaboradores, facilita la tarea. Durante meses, ha estado recopilando decenas de fórmulas posibles, desde un 155 muy duro hasta otros de alcance más limitado, que ha agrupado en una maleta con carpetas. Una de las opciones, por ejemplo, prevé el relevo total del Govern de la Generalitat y la colocación de *consellers* alternativos que se buscarían entre la sociedad civil catalana, sin adscripción política. Se llega a elaborar incluso una lista de nombres.

Sáenz de Santamaría insiste a los suyos en que todo tiene que ser jurídicamente impecable, puesto que la medida será recurrida al Tribunal Constitucional y, si este pone alguna pega, el Gobierno en pleno se verá obligado a dimitir. De hecho, se producen contactos previos con miembros del alto tribunal para sondear los márgenes de la aplicación de la norma. Este es también uno de los motivos por los que Rajoy prefiere esperar a una acción ilegal por parte del Ejecutivo catalán y no aplicarlo por actuaciones de desobediencia al Constitucional que hubiera podido realizar el Legislativo, es decir, el Parlament, cuyo margen es siempre mayor. También por ello espera que esa declaración de independencia sea nítida, sin lugar a interpretaciones.

Puigdemont está convencido de que, aunque no hubiera hecho la declaración de independencia final, Rajoy ya tenía decidido que aplicaría el 155. El *president* pone como condición para convocar elecciones y no refrendar la DUI que la Moncloa haga un pronunciamiento público comprometiéndose a no aplicar el artículo 155. Esa exigencia provoca en Rajoy el efecto contrario. El presidente del Gobierno considera que todo eso no es más que marear la perdiz y espera hechos, es decir, que Puigdemont comparezca para convocar las elecciones y diga claramente que no ha declarado ni declarará la DUI que, recordemos, es la condición que el propio Rajoy se ha marcado como la chispa para actuar. No estaba dispuesto a entrar en una negociación. También es cierto que en la Moncloa llevaban muchos meses preparando la aplicación del 155. Para frenar esa maquinaria, como mínimo los términos del anuncio de elecciones de Puigdemont tendrían que ser nítidos en cuanto al abandono de la vía unilateral. En cualquier caso, resulta imposible saber qué hubiera pasado con exactitud en ese caso.

Al presidente no le resulta difícil recabar el apoyo del PSOE, ya dirigido por Pedro Sánchez, y de Ciudadanos, con Albert Rivera al frente, para aplicar el 155. Los socialistas ponen algunas condiciones, entre ellas no tocar TV3. En la Moncloa se barajan varias posibilidades respecto a la televisión pública: desde el fundido en negro, que legalmente se estima complicado de sostener, hasta la emisión exclusivamente de películas o una desconexión de los informativos, que serían asumidos por Televisión Española (TVE), lo que finalmente se considera inútil si se mantiene intacto el resto de la programación. Pero los motivos principales por los que se decide finalmente no tocar TV3 son dos: preservar el acuerdo con el PSOE y evitar recelos por parte de las instituciones europeas que puedan considerarlo una vulneración intolerable de la libertad de expresión. A ello se añade la consideración de que, hoy en día, un canal de televisión no deja de ser un medio muy limitado de influencia en la sociedad, teniendo en cuenta la gran penetración de las redes sociales. De hecho, algunos de los dirigentes que trabajan en la Moncloa recuerdan que los servicios del CNI alertan constantemente en esos días de la proliferación de bots de origen ruso en favor del independentismo.

Unas semanas antes de la aplicación del 155, durante el intercambio de misivas entre Rajoy y Puigdemont sobre si se había declarado o no la independencia, la dirección del PP catalán y del partido en toda España son llamados a la Moncloa, donde Sáenz de Santamaría les explica cómo se va a aplicar la intervención. En esa reunión se les asegura que las elecciones en Cataluña no van a celebrarse de inmediato, que se esperará un tiempo para tomar las riendas y calmar la situación. Pero finalmente Rajoy cambia de opinión. Es una de las condiciones que pone el PSOE para dar su apoyo. De esta forma, al convocar ya las elecciones queda disuelto el Parlament sin necesidad de cerrarlo expresamente. Así que, al mismo tiempo que anuncia la intervención de la autonomía, el presidente convoca los comicios para diciembre, en el plazo mínimo posible legalmente, lo cual pilla de sorpresa al PP catalán. La intención, por tanto, es que el 155 dure muy poco. Sin embargo, las dificultades posteriores para acordar el Gobierno salido de las urnas, de nuevo en manos del independentismo bajo la presidencia de Quim Torra, hacen que la intervención se prolongue hasta junio de 2018, ya con Sánchez en la Moncloa.

El 155 se aprueba en un Consejo de Ministros. Todo el Gobierno se dirige después hacia el edificio del portavoz, en el complejo de la Moncloa, donde Rajoy va a anunciar los detalles de la medida en una comparecencia sin preguntas de los periodistas. Uno a uno, los ministros abrazan al presidente antes de que este entre en la sala de prensa, para darle su apoyo. A partir de entonces, las ruedas de prensa del Consejo de Ministros las volverá a dar el portavoz, Íñigo Méndez de Vigo, pero de los asuntos relacionados con la aplicación del 155 en Cataluña se encargará de informar el delegado del Gobierno desde Barcelona, Enric Millo. En la Moncloa consideran que es mejor que se comuniquen en catalán y castellano, y no por parte de alguien como el ministro portavoz, que utiliza el término *Generalidad* en lugar de *Generalitat*.

En el Gobierno de Rajoy no dan crédito a lo fácil que está siendo aplicar el 155. Las prevenciones ante la posibilidad de que los cargos intermedios del Govern pusieran trabas, desobedecieran o boicotearan la medida y, por tanto, el funcionamiento de la Administración, se disipan. «Lo hicimos prácticamente poniendo al frente a un único secretario de Estado. Solo pensaban en el sueldo», asegura un alto cargo de la Moncloa de la época refiriéndose a los dirigentes independentistas del *sottogoverno* que quedan en la Administración catalana tras la aplicación del 155, algunos de los cuales son colaboradores muy próximos a Puigdemont.

Una parte del PP considera que la gestión de esa medida es uno de los motivos del hundimiento del partido en Cataluña y del ascenso de Ciudadanos y Vox. Según esa tesis, durante meses los votantes del PP ven cómo el independentismo, a pesar de las órdenes de prisión a sus líderes y de la intervención de la Administración autonómica, se apodera del espacio público mediante la proliferación de lazos amarillos y carteles contra «la represión», mientras que TV3 sigue dando pábulo a sus tesis. En su opinión, ello provoca una desafección de sus votantes hacia el PP por no haber sabido tomar las riendas y atribuyen a ello que Ciudadanos logre una victoria espectacular en las elecciones, con una campaña que consiste en retirar lazos por las calles de algunas poblaciones catalanas.

Visto con perspectiva, Rajoy está orgulloso de haber tomado la decisión porque considera que se ha convertido en un aviso para navegantes. El 155 no se había utilizado nunca, pero ahora está claro cómo puede aplicarse. Es una línea roja que, para el PP, se ha traspasado con éxito. El expresidente no cree que cometiera errores de bulto durante el proceso independentista. Las cargas policiales del 1-O le parece que fueron un mal inevitable, pero que sirvieron para lograr un bien superior, es decir, que el independentismo no pudiera normalizar el resultado y esgrimirlo en la escena internacional. Si acaso, el único fiasco, que todavía nadie de los que estaban en la Moncloa en aquel momento acierta a entender, es por qué los servicios secretos no pudieron evitar que el independentismo se hiciera con miles de urnas.

Gana «la España de los balcones»

Las elecciones del 21 de diciembre de 2017 en Cataluña no alteran de forma sustancial el poder en esa comunidad, que sigue estando en manos de los partidarios de la secesión. Los comicios destierran el tópico de que una movilización del voto más apegado a partidos con implantación en toda España cambiaría el panorama político catalán. Los dos bloques, el independentista y el contrario, acuden a votar masivamente y el resultado sigue siendo que ninguno de los dos bandos puede dejar de lado al otro. El fenómeno más relevante de esas elecciones es la gran concentración del voto no independentista en Ciudadanos, que había hecho de su combate contra el nacionalismo el eje de su razón de ser. El partido de Albert Rivera se nutre en Cataluña del electorado socialista y, en concreto, de los bandazos que el PSC ha ido dando en los últimos años en relación con la identidad catalana y a la posibilidad de un referéndum de autodeterminación. La credibilidad de los socialistas en este asunto está bajo mínimos y eso se transforma en una sangría electoral que rentabiliza Ciudadanos. Inés Arrimadas logra que su partido sea el primero de la Cámara catalana, aunque ni siquiera intenta la investidura, ya que el independentismo suma mayoría.

Estas elecciones son una inyección de autoestima para Rivera, que ve la posibilidad de asaltar la Moncloa. Su partido, que nació como plataforma civil en Cataluña en 2005, intentó el salto a la política española tres años después, pero fue un fiasco absoluto y no obtuvo representación. En 2015, con el proceso independentista ya a toda velocidad, Rivera logró cuarenta escaños en las generales. El empuje decisivo se produce tras la declaración de independencia fallida y la aplicación del 155. Solo unos meses después, en mayo de 2018, una encuesta de *El País* sitúa a Ciudadanos como el primer partido en el Congreso. Rivera acaricia nada menos que la presidencia del Gobierno. El partido naranja, que en su transformación a fuerza de ámbito español abandonó la socialdemocracia como doctrina para abrazar el liberalismo, apoya a Rajoy, con la vista puesta en sustituirle cuando el proyecto de los populares decline por el desgaste de gobernar y la corrupción, y tengan que asumir el relevo de su líder. Pero por el medio se produce la moción de censura y los planes de Rivera se vienen abajo.

Las elecciones generales no llegan hasta la primavera del 2019 y la situación en Cataluña, aunque convulsa, ya no alcanza la tensión del 2017. En ese contexto, Ciudadanos se queda en cincuenta y siete escaños. De hecho, no es un mal resultado. El partido rebasa el 15,8 % de los votos, lo que le permite obtener representación en las provincias con menos de seis escaños. Más adelante será Vox el que alcance ese listón y se sitúe en cincuenta y dos diputados. Ciudadanos mejora su escasa implantación territorial y logra entrar en varios Gobiernos. Pero Rivera esperaba más y, a partir de entonces, sucumbe a las prisas y adopta decisiones erráticas que acentúan el declive de su formación. El sentimiento nacionalista español se encauza además a través de Vox, que hurga también en otros malestares del momento por parte de sectores sociales temerosos de cambios como el auge del feminismo, la inmigración, los efectos de la globalización o la velocidad de los avances tecnológicos que alteran el mundo laboral.

«A veces en la vida lo más difícil es no moverse.» Esa sentencia condensa la manera de practicar la política de Rajoy. Pronunció esa frase en una de sus pocas entrevistas televisivas, en

Antena 3 en 2018. El problema es que si el mundo a tu alrededor se mueve de manera vertiginosa y permaneces impasible, corres el riesgo de quedar arrollado por los acontecimientos. La política precisa de un equilibrio entre los principios y cierta capacidad de adaptación. Rajoy acabó pagando una factura abultada como consecuencia del proceso independentista. Primero, porque propició la moción de censura que le descabalgó del Gobierno. Pero después porque no pudo dejar un legado en su partido.

La moción de censura, aunque el PSOE la justifica por la corrupción del caso Gürtel, es posible gracias al respaldo que Pedro Sánchez obtiene del independentismo catalán en el Congreso y por el giro que da el Partido Nacionalista Vasco (PNV), hasta entonces aliado del PP, pero que ve que su apoyo a un Gobierno que ha aplicado el 155 resulta difícil de explicar para un partido nacionalista. La salida de la Moncloa precipita el adiós de Rajoy de la primera línea política, algo a lo que enseguida se adaptaría el dirigente popular, a pesar de llevar toda la vida en esas lides. Su última decisión relevante es instaurar un sistema de primarias para elegir a su sucesor, de lo que después admitiría su arrepentimiento. Así que pocos meses después, en julio de 2018, se celebra el XIX Congreso del PP, que enfrenta a Pablo Casado y Sáenz de Santamaría. Un choque del que sale victorioso el primero, un desenlace que solo se entiende si se tiene en cuenta el factor catalán.

La vicepresidenta cuenta en su haber con una trayectoria de gestión de todos los asuntos complejos que han pasado por la Moncloa. Es, además, una política conocida y dialogante. Cuenta con el respaldo sin fisuras de Rajoy. Todo el mundo lo sabe, aunque él no tenga que abrir la boca para expresarlo en público. Pablo Casado apenas ha ejercido más que cargos orgánicos en el partido. Cuenta en su haber con el conocimiento que aportan sus comparecencias ante la prensa como vicesecretario de Comunicación del PP. Es el aspirante patrocinado por Aznar, de quien fue jefe de gabinete en su paso por el Gobierno.

Sáenz de Santamaría es la más votada en las primarias, pero el PP ha estrenado un método de elección peculiar. Algo así como un sistema de doble vuelta asimétrico. En la primera vuelta votan todos los afiliados del partido que lo deseen, y en la segunda, solo los compromisarios, que acaban por filtrar la decisión de la militancia. En la primera tanda vence la vicepresidenta. Pero después Cospedal se retira para que sus compromisarios apoyen a Casado, como también lo hacen los escasos seguidores de Margallo. La votación final son 1.701 votos para el vicesecretario de Comunicación, 451 más que Sáenz de Santamaría. El discurso del ganador, aparentemente conciliador, no esconde la fractura en el PP.

Casado se hace con la presidencia con un relato de «rearme ideológico» del partido. Por un lado, un viraje a la derecha que incluye, por ejemplo, la propuesta de rescatar la ley del aborto de 1985, un debate casi enterrado en la mayoría de la sociedad española que el PP de Rajoy no había sentido ninguna necesidad de reabrir. «Tenemos que ser todo a la derecha del PSOE», proclama el recién elegido líder en una entrevista a *El País*. Pero el relato de más éxito, que ha permitido su victoria, es el de plantar cara al independentismo catalán. «Sin complejos», es su máxima más repetida. Casado se muestra muy crítico con la operación Diálogo de la vicepresidenta en Cataluña. Los sentimientos reprimidos de humillación ante el 9-N y el 1-O emergen con fuerza.

El aspirante traslada el mensaje de que el PP de Rajoy no ha sabido aplicar firmeza ante el independentismo, al que se ha dejado ir demasiado lejos. Reivindica «la España de los balcones», en referencia a la multitud de banderas españolas que ondean en las ventanas de muchos edificios como respuesta al *procés*, sobre todo en Madrid. Como reacción a lo ocurrido en Cataluña, el nacionalismo español triunfa en el congreso de los populares y Casado es su expresión más evidente. No es que el PP no hubiera exhibido ese sentimiento en épocas pasadas como seña de identidad, pero lo había combinado con la economía o la eficacia como gancho electoral. En este congreso, el españolismo es el factor que impulsa a Casado a la presidencia del partido. Solo hay un problema para el joven líder. El mismo combustible que le ha aupado a la cumbre a él va a servir para propulsar a Vox, cuya competencia se va a convertir en una pesadilla para los populares. De hecho, la ultraderecha española viene creciendo, al principio de forma soterrada, desde 2012, cuando el proceso independentista empieza a tomar velocidad de crucero.

Tanto marca a Casado y los suyos la actitud supuestamente acomplejada de Rajoy durante el proceso independentista que la mano derecha del nuevo líder, Teodoro García Egea, prohíbe expresamente a los dirigentes del partido y, en especial, a los catalanes, que se refieran a ese asunto en sus declaraciones públicas, y mucho menos que justifiquen las actuaciones del Gobierno del PP durante ese tiempo. Es como si a Casado le avergonzara ese pasado reciente. Como mínimo, no considera que se pueda sacar pecho. Se había sido demasiado condescendiente con el secesionismo y había que ocultarlo. Pero el periodo de Casado iba a durar poco. No logra afianzarse como líder en el partido y, al cabo de casi cuatro años, es desbancado al frente del PP para dar paso a Alberto Núñez Feijóo. El estilo del hasta entonces presidente de Galicia es muy diferente. Su aproximación al conflicto catalán es menos estridente en apariencia, aunque en las posiciones de fondo el PP se mantenga en el inmovilismo en cuanto a posibles reformas del modelo de Estado.

La primera intervención de Feijóo en Barcelona ya como presidente del PP se produce en un foro del Círculo de

Economía, ante decenas de empresarios, donde pronuncia un discurso en el que defiende que Cataluña es una «nacionalidad». Es una mera referencia al término que se emplea en la Constitución, que en su artículo 2 reconoce «el derecho a la autonomía de las nacionalidades y regiones». Pero Feijóo es censurado enseguida por Ciudadanos y Vox. Y aún arrecian más las críticas cuando su número tres, Elías Bendodo, asegura en una entrevista en *El Mundo* que «Cataluña sí es una nacionalidad del Estado español», subraya que «el PP tiene que conseguir volver a conectar con la sociedad catalana» e incluso deja caer que «España es un Estado plurinacional». Feijóo tiene que salir a negar esto último. El recién elegido líder de los conservadores acaba de comprobar que no es lo mismo decir que Galicia es una nacionalidad, o incluso una nación, que decirlo de Cataluña. Al menos en el resto de España no lo ven igual.

3

MARCHENA: JUECES EN DEFENSA DE ESPAÑA

En teoría, estas van a ser unas vacaciones diferentes en «lo alto del andamio», como él llama a su despacho. Es un espacio pequeño, al que se accede después de atravesar una sala donde los funcionarios trabajan rodeados de pilas de papel, entre torres de carpetas apiladas. Nada que ver con el empaque del salón de vistas que ha contemplado toda España por televisión durante los meses en que se ha transmitido el juicio del *procés* en directo (y luego comentado hasta el más nimio detalle, sobre todo en la televisión pública catalana, como si fuera uno de esos programas deportivos en los que se escudriñan las jugadas hasta la saciedad). En su despacho puede verse una fotografía de ese juicio. Una ventana asoma a los tejados de Madrid. Desde allí, los atardeceres proporcionan a Manuel Marchena (Las Palmas de Gran Canaria, 1 de marzo de 1959) el encuadre y el paisaje perfectos para una de sus aficiones favoritas, la fotografía.

El edificio del Supremo es un antiguo monasterio conocido como las Salesas Reales. Fernando VI accedió a la demanda de su mujer de que albergara una residencia para la educación de las doncellas nobles, que se puso bajo la tutela de la Orden de San Francisco de Sales. El Tribunal Supremo se trasladó allí en 1875. En el despacho, a veces con el acompañamiento de alguna cantata de Bach, Marchena redacta la sentencia. Aún cree que lo más difícil es tejer una argumentación impecable, respaldada por la unanimidad del tribunal y que sea respetada por las instancias europeas a las que pueda llegar de la mano de los condenados. Ya empieza a intuir que por más que se esfuerce en los razonamientos del fallo no va a salir airoso del reto porque, haga lo que haga, el resultado no va a gustar a nadie. Pero todavía no sabe que las críticas serán tan furibundas. Para unos, él será la mano ejecutora de un Estado vengativo e implacable. Para otros, el instrumento útil de un Gobierno entregado a la izquierda radical y a los separatistas. De una crisis política e institucional como la que vivió España en otoño de 2017 no se sale indemne. Ninguno de sus protagonistas. Tampoco Marchena.

Pero estamos en el verano de 2019. Y la historia de este juez aún está por escribir. Al menos el capítulo más relevante de su carrera y uno de los más trascendentes de la reciente democracia española. Ha estudiado ingente documentación sobre el ejercicio del derecho de autodeterminación y sobre la ley de claridad canadiense. Sabe que el texto que está redactando no solo tendrá gran repercusión política y social, sino que también es un desafío para su capacidad y reputación como jurista. Es una sentencia que será examinada por sus colegas primero y después por la justicia europea, además de sentar un precedente. Aun así, Marchena siempre ha sacado tiempo para el disfrute. De joven se empleó a fondo en los libros, pero suele explicar que la muerte del dictador, Francisco Franco, le pilló tocando la guitarra a todo trapo con una banda de amigos, anécdota que le sirve tanto para mofarse de las acusaciones de connivencia con la derecha más rancia que reciben los miembros del alto tribunal como para lucir un cierto perfil de personaje rebelde, alejado de la aburrida sobriedad que se atribuye a los togados. Así que en este verano que parecía que iba a pasar encerrado entre cuatro paredes al final también va a arañar unas pocas jornadas de asueto.

Apenas diez días para dedicarlos a la familia. Marchena se marcha con su mujer, Sofía, a Fuerteventura, al mismo hotel de siempre, a descansar y gozar del mar, una de sus pasiones. Le gusta nadar en aguas abiertas y en Madrid se mantiene en forma en la piscina o practicando otros deportes. Ahora también disfruta del Mediterráneo en Ibiza, donde visita a su hija. Por supuesto, Marchena está orgulloso de sus dos vástagos, que se dedican a la carrera fiscal. Pero quizá el afán protector se concentra más en la joven, que fue objeto de una querella por parte del exjuez Elpidio Silva (personaje condenado por prevaricación que después sería bastante habitual en las tertulias políticas de los medios catalanes), quien acusó a Gema Espinosa, directora de la Escuela Judicial de Barcelona y esposa del juez instructor del *procés*, Pablo Llarena, de haber dado un presunto trato de favor a la hija de Marchena para que accediera a una plaza de juez. También de nombre Sofía, como la madre, al final la joven desistió de esa carrera y optó por la Fiscalía. En julio de 2019 fue destinada a Ibiza.

Las sagas familiares dedicadas a la Judicatura son más que frecuentes. También el fiscal Javier Zaragoza, que ejerce la acusación pública contra los líderes del procés, tiene descendencia en la carrera. Pero al margen de las vocaciones de hijos que siguen los pasos de sus padres, existe una especie de aristocracia de las togas. Es de todos conocido que, gracias al apellido ilustre o de larga tradición en el mundo judicial, algunos logran escalar más rápido que otros. No es el caso de Marchena, cuya familia no tuvo nada que ver en su elección profesional. El juez del *procés* es hijo de un capitán legionario que, como era de esperar, educó con disciplina a sus hijos, Manuel y sus dos hermanos, el mayor, que es médico, y la pequeña, que es psicóloga. El padre, orgulloso del rendimiento escolar de su hijo Manuel, quería que estudiara para abogado jurídico militar. Lo ha contado muchas veces, así que sus amigos conocen de sobra la frase que le espetó su tutor de la Universidad de Deusto cuando le avanzó sus intenciones: «Los jurídicos militares ni son jurídicos ni son militares». Con un expediente de matrícula de honor, en Deusto pensaron que Marchena podía aspirar a más y, de paso, contribuir a encumbrar la reputación del centro. Fue en Bilbao donde conoció a quien sería su mujer, Sofía Perea, vizcaína, que hoy es funcionaria del Cuerpo Superior de Administradores Civiles del Estado y que trabajó como directora general con la vicepresidenta socialista María Teresa Fernández de la Vega y también con el ministro de Fomento (que luego pasaría a Justicia), Rafael Catalá, del PP.

En sus diez días de vacaciones, Marchena dedica tiempo a lecturas que nada tienen que ver con la sentencia que está redactando. Van cayendo varias novelas... Una de Vargas Llosa, otra de Javier Marías. Disfruta bastante con *La hija de la española*, de la escritora y columnista de *El Mundo* Karina Sainz Borgo. El libro es una descarnada crítica del régimen venezolano. En materia literaria, Marchena es bastante ecléctico. El interés por las novedades no resta ni un ápice su afición a los clásicos. *Moby Dick*, la ballena que arrastra al capitán Ahab a su perdición, está entre sus favoritos. No es extraño teniendo en cuenta su amor por el mar. También los *Episodios nacionales* de Benito Pérez Galdós, en los que tampoco faltan los pasajes navales.

Pero lo que realmente apasiona al juez es la música. Su condición de melómano igual le lleva a un concierto de *rock* que a la ópera en el Teatro Real de Madrid, del que es abonado. También le gustan los cantautores, entre ellos Lluís Llach, durante unos años diputado independentista en el Parlament. En el Supremo son conocidos los vídeos de Marchena que mezclan las dos pasiones, la fotografía y la música. Cada año, a modo de felicitación navideña, envía al WhatsApp de sus amigos y colegas de profesión un montaje de imágenes acompañadas de alguna composición. Muchas veces recurre a la música clásica, pero como sus gustos son variopintos, el vídeo de la Navidad posterior al juicio del *procés* es algo diferente. No tanto por las fotografías, sino por la banda sonora. No aparecen imágenes de los acusados ni sus letrados, solo del edificio del Supremo, pero el telón de fondo es, precisamente, una canción de Llach.

Durante los meses de la vista no ha habido tiempo para el ocio. El rostro enjuto del juez se ha colado en los hogares de miles de personas que han seguido el juicio a los líderes independentistas. Cada ademán, cada expresión, cada inflexión de la voz han sido escrutados de forma minuciosa por partidarios y detractores. Los magistrados, en especial los de un alto tribunal como el Supremo, están acostumbrados a que su voluntad sea acatada con reverencia. No necesitan dar demasiadas explicaciones sobre las decisiones que adoptan. Pero este caso es distinto. De otra forma, él también se somete al juicio de la opinión pública. Adopta el porte de quien combina la firmeza con la comprensión. Marchena es una anguila en las aguas judiciales. Recurre al humor para seducir y al sarcasmo para atacar o defenderse. Esas habilidades le permiten lograr con frecuencia sus objetivos, pero no le han impedido coleccionar un buen ramillete de enemigos en un mundo tan endogámico como el de la alta Judicatura.

Amores y odios entre togas

La justicia es ciega. Pero los jueces de los altos tribunales no dejan de mirarse de reojo. Componen un colectivo consciente de su poder. Se conocen todos entre sí y durante sus respectivas carreras se han ido encontrando en distintos momentos, lo que abona relaciones personales de amistad y de odio que acaban por influir de alguna forma en sus decisiones. En la alta Judicatura, además, algunos apellidos se perpetúan, junto a los magistrados que han logrado escalar desde abajo a base de hincar esforzadamente los codos. Las afinidades políticas también son objeto de comentarios. Quizá lamenten que la prensa utilice los apelativos de *progresista* o *conservador* para definirlos, puesto que su designación proviene de los acuerdos entre los dos grandes partidos, el PP y el PSOE. Pero lo cierto es que ellos también se colocan en privado esas etiquetas —incluso más concretas—, por más que a veces las pasen por el tamiz de la relación personal. Este es, sin duda, un mundo muy endogámico.

En el caso del protagonista judicial del *procés*, Marchena, es innegable que cuenta con amigos y enemigos en la carrera y en el mundo político. Quizá su principal oponente sea Baltasar Garzón. El exjuez despierta amor y odio entre sus colegas, probablemente lo segundo en mayor medida. Marchena forma parte de quienes no soportan a Garzón. Fue miembro de la Sala del Supremo que inhabilitó al juez estrella en 2012 por el caso de las escuchas ilegales de la Gürtel y también instruyó la causa sobre los presuntos cobros relacionados con unos cursos en Nueva York, que finalmente archivó porque el caso había prescrito. No son pocos los periodistas que, a raíz del juicio del *procés*, le han pedido entrevistas y su respuesta suele ser lapidaria: «Yo no soy como Garzón». El triángulo de animadversiones se completa con otro nombre, Lola Delgado, que forjó una gran amistad con Garzón en la Fiscalía antes de formar pareja, que sería nombrada ministra de Justicia por Pedro Sánchez y, posteriormente, fiscal general del Estado. El presidente coloca a Delgado en ese puesto para tratar de controlar la Fiscalía con una figura de más autoridad, ya que María José Segarra, que ocupaba ese cargo con anterioridad, no lo ha conseguido. Lola Delgado suele ser objeto de crítica entre buena parte de los magistrados del Supremo. Su nombre ha quedado también relacionado con el excomisario corrupto José Manuel Villarejo después de conocerse la grabación que este hizo de una comida celebrada en 2009 para celebrar una medalla concedida al policía en la que estaban, además de él, Garzón, Delgado y varios altos mandos policiales. Esos audios salieron a la luz en 2018 y evidenciaban una gran complicidad entre Garzón, Delgado y algunos de los policías de la mafia corrupta de Interior. Precisamente, el bufete de Garzón ejerce la defensa de varios de los implicados en el caso Villarejo.

La nueva fiscal general no solo no cuenta con el respeto profesional de Marchena, sino tampoco —y eso es más preocupante, porque existe entre ellos una prelación jerárquica— del fiscal del juicio del *procés* Javier Zaragoza. Siendo ministra, Delgado llamó a Zaragoza a su despacho y le pidió sin demasiados circunloquios que cambiara la acusación a los dirigentes independentistas de rebelión a sedición. Recibió una negativa tajante. Zaragoza fue jefe de Delgado en la Audiencia Nacional y considera que la influencia de Garzón en su entonces subordinada fue muy nociva. No tuvo ningún reparo en manifestar públicamente su desacuerdo con el nombramiento de la fiscal general del Estado por considerar que llegaba contaminada por haber ocupado un cargo político. Y no es que ambos fueran, en teoría, muy distantes ideológicamente. Tanto Garzón como Delgado accedieron a ministerios de la mano de Gobiernos socialistas y Zaragoza estaba considerado un fiscal progresista. En el Gobierno le atribuyen cierto resentimiento hacia el actual PSOE de Sánchez por no haber sido nombrado él fiscal general. Lo cierto es que Zaragoza pasa de ser un miembro veterano de la Unión Progresista de Fiscales a ser aplaudido por los medios de comunicación más afines a la derecha y el juicio del *procés* es el elemento clave para esa transformación.

Para completar este cuadro de filias y fobias hay que añadir la gran amistad que unía a Marchena con José Manuel Maza, también enemigo de Garzón. Maza fue fiscal general del Estado y, como tal, firmó el 31 de octubre de 2017 las querellas por rebelión, sedición y malversación contra el Govern de Cataluña y la Mesa del Parlament. Es una figura clave en esta historia. En una foto del despacho de Marchena se les puede ver a ambos abrazados y sonrientes. De hecho, la influencia de Marchena no fue ajena al acceso de Maza a la cúspide de la Fiscalía, ya que hizo llegar su nombre a oídos del ministro Rafael Catalá, del PP, quien también barajaba a otro candidato conocido, Fernando Grande-Marlaska, cuyo ejercicio de ductilidad le permitiría acabar siendo titular de Interior de Pedro Sánchez.

Una de las misiones no escritas de un ministro de Justicia es encontrar a la persona adecuada para ocupar la Fiscalía General del Estado, es decir, alguien con autoridad en el mundo judicial pero que responda a los criterios e intereses del poder político en ese momento. A través de esa figura, el Gobierno ejerce su influencia en el mundo judicial. Al ministro Catalá se le había criticado en el PP y su entorno por haber sido excesivamente condescendiente cuando Artur Mas convocó la consulta del 9-N. Entonces su fiscal general era Eduardo Torres-Dulce, a quien se le tachaba de blando en este asunto. Esta vez, en 2017, las cosas van en la dirección contraria. Maza presenta querellas por rebelión y otros delitos, lo que implica solicitar penas de prisión provisional para los dirigentes independentistas. Sin posibilidad de fianza.

Esa posición de dureza de Maza va a marcar todo el proceso judicial, ya que el punto de partida que él fija es una acusación extremadamente grave que lleva a los acusados de inmediato a la cárcel, donde van a pasar mucho tiempo en prisión provisional. Es, además, una actitud que disgustó al Gobierno de Mariano Rajoy o, al menos, al entorno de la Moncloa. Cataluña estaba en plena ebullición independentista. Se acababa de aplicar el artículo 155 y las elecciones autonómicas convocadas por el presidente del Gobierno estaban a la vuelta de la esquina. Las querellas de Maza y los decretos de prisión no hacían más que movilizar al electorado independentista. El propio Catalá había ejercido de puente con el *conseller* Santi Vila y otros dirigentes del Govern para tratar de desinflamar el conflicto con la Generalitat. Pero, como no hay mal que por bien no venga, la actuación de Maza también tenía otra cara que sí convenía al Ejecutivo de Rajoy. Permitía sacar el caso de Cataluña y llevarlo a Madrid. Entonces ocurrió lo que nadie podía esperar. Maza falleció de forma súbita el 18 de noviembre de 2017 en Buenos Aires a causa de una infección renal complicada por la diabetes, a la edad de sesenta y seis años. Quizá por eso su figura ha quedado diluida en la historia del proceso independentista catalán. Pero él fue quien puso el listón de las condenas bien alto y marcó así el devenir posterior. Para Marchena, la noticia del fallecimiento fue un duro golpe.

En muy poco tiempo y con unas cuantas decisiones, Maza dejó la maquinaria judicial en marcha en una dirección muy determinada, difícil de reorientar. Por ejemplo, le dio tiempo de designar a los fiscales que llevarían el caso del *procés*: Jaime Moreno, Fidel Cadena, Consuelo Madrigal y, sobre todo, Javier Zaragoza, que llevaría el liderazgo del grupo. Como para Marchena, también para el fiscal Zaragoza el País Vasco fue un lugar relevante en su experiencia vital. Incluso de forma más profunda, puesto que fue el destino de su juventud en una época, los años ochenta, muy dura. No solo por los frecuentes atentados de ETA, sino también por la respuesta de los GAL, además de las torturas y los excesos cometidos por las fuerzas de seguridad amparadas en la legislación especial antiterrorista. El entonces jovencísimo fiscal Zaragoza tuvo algún que otro encontronazo con el general de la Guardia Civil Enrique Rodríguez Galindo, que acabaría condenado a setenta y un años de prisión por el secuestro y asesinato de Lasa y Zabala. A Zaragoza (Alcorisa, Teruel, 20 de noviembre de 1955) le gusta tanto la señorial San Sebastián que allí se ha comprado un apartamento al que acude siempre que puede.

Los días previos al inicio del juicio, los siete miembros del tribunal se preparan para evitar que determinadas contingencias logísticas enturbien su reputación. Marchena tiene claro cuál debe ser el escenario. A pesar de la enorme expectación que despierta el juicio, no se va a buscar un espacio más amplio, sino que tendrá lugar en el salón de plenos del palacio de las Salesas porque el presidente de la Sala Segunda quiere que los acusados perciban la solemnidad del edificio, el peso de su historia. De hecho, durante los meses de la vista, Marchena acompañará a algunos abogados de la defensa a conocer el recinto, en una especie de visita turística guiada que buscaba transmitir la impresión de boato que en su día le produjo a él cuando pisó por primera vez el edificio, siendo opositor. En el salón de plenos es donde se celebran todas las ceremonias, como la apertura presidida en muchas ocasiones por el rey o los actos de juramento y toma de posesión de los magistrados. Ha sido escenario de juicios históricos, como el del golpe de Estado de Tejero o los de los casos Filesa y Segundo Marey.

Habitualmente, un crucifijo cuelga de una de las paredes del salón, pero será retirado para la ocasión, al considerar que entre el público podría haber visitantes de diversas procedencias para los que determinados símbolos religiosos resulten inconvenientes. Se permite a los acusados y a los visitantes lucir los lazos amarillos que el independentismo utiliza como protesta por los encarcelamientos para evitar que se recrimine al tribunal cualquier conculcación de la libertad de expresión. En todo momento se piensa en eludir reproches sobre vulneración de derechos fundamentales. En cambio, se rechaza la traducción simultánea para que los acusados puedan declarar en catalán porque se concluye que la imagen de los jueces con un pinganillo o con cascos puede dar la impresión de que se trata de un tribunal extranjero. Tampoco transige Marchena con la petición de las defensas de que se emitan vídeos de las cargas policiales del 1 de octubre al mismo tiempo que se toma declaración a las fuerzas de seguridad. Los jueces deciden que las imágenes se verán al final, lo que irrita sobremanera a los abogados, que consideran que esa medida impide confrontar el relato de los policías que actuaron el 1-O con las imágenes de lo ocurrido realmente, lo que contribuye a la indefensión de sus clientes.

Desde el primer minuto, el presidente de la Sala Segunda tiene claro también que la única forma de evitar especulaciones sobre la falta de imparcialidad es difundir la vista por televisión. Garantizar la máxima transparencia. Eso obligará a Marchena a un férreo dominio de sí mismo durante las largas sesiones sentado en la butaca de terciopelo rojo, que él da en llamar «el potro de tortura», frente al ordenador abierto. Empezó a ser costumbre que el juez, hacia las doce del mediodía, mirara de reojo el reloj. Y puntualmente, a esa hora, anunciaba un receso. En la pared de espaldas al tribunal, una puerta da acceso a otra sala decorada con escaso mobiliario. Un sofá a rayas coral y crema junto a un burro en el que los magistrados cuelgan sus pesadas togas para quedarse en mangas de camisa. A esa hora desayunan cruasanes, dónuts y café. Allí celebran incluso el setenta y dos cumpleaños de Luciano Varela, el magistrado más veterano del tribunal, muy querido por Marchena, a quien le regalan un sombrero de paja para sus excursiones por el campo. Fundador de Juezas y Jueces para la Democracia, también acabó enfrentado con Garzón. El del *procés* es el último juicio de Varela antes de su jubilación.

Los acusados deben ser trasladados desde la prisión de Soto del Real cada día a primera hora de la mañana. Instituciones Penitenciarias plantea darles un bocadillo para que puedan comer en el edificio del Supremo, pero el tribunal solicita que sea un *catering*, dado que el juicio durará muchas semanas. Se les facilita el antiguo salón de plenillos para almorzar y encontrarse allí también con sus familias, algo muy inusual. Marchena no quiere que se le atribuya ningún tipo de predisposición en contra. Durante el juicio, los acusados acaban incluso por sentarse junto a sus abogados y no en el banquillo. Oriol Junqueras lo hace con mucha frecuencia. Y pueden comunicarse con el exterior a través de los móviles de sus defensas. Esa permisividad del tribunal no es habitual, ni mucho menos, pero tampoco puede inferirse de ella un trato favorable en la conclusión del juicio.

Una ambición frustrada

Aunque Marchena insiste a sus amigos en que ya no aspira a presidir el Tribunal Supremo, en este momento, mientras redacta la sentencia, aún alberga una íntima esperanza. De hecho, algunos allegados le reprocharán más tarde, al conocer la pena de sedición, haber caído en la flaqueza de alinearse con los deseos del Gobierno para obtener su apoyo como candidato a ese puesto. Pero lo cierto es que la condena a los líderes independentistas resultaría incompatible con su promoción y con el respaldo por parte de Sánchez, cuyo Gobierno depende justamente de los votos de ERC para mantenerse a flote. La sentencia acabaría de enterrar la ambición de Marchena por presidir el Supremo, pero la primera palada de tierra la había echado el PP, el partido que propuso su nombre en primer término.

Los populares habían prometido durante la campaña electoral que los miembros del CGPJ serían elegidos por los propios jueces. Pero una vez en la Moncloa y con mayoría absoluta, Mariano Rajoy, como en muchas otras cosas, pensó que era mejor dejarlo todo como estaba y abordar la renovación mediante el clásico reparto de puestos entre los dos grandes partidos. Por entonces, estaba Alfredo Pérez Rubalcaba al frente del PSOE y Rajoy se entendía con él a las mil maravillas. Aún hoy en día, el expresidente del PP no tiene más que palabras de elogio hacia el fallecido líder socialista. Así que en 2013 negoció con Rubalcaba los nombres. El PP puso sobre la mesa a Grande-Marlaska como candidato a presidir el CGPJ y, por tanto, también el Supremo. Pero los socialistas le rechazaron. Los populares sacaron la carta de Marchena, pero el PSOE, aconsejado por el jurista Cándido Conde-Pumpido —que fue fiscal general con José Luis Rodríguez Zapatero— le vetó por considerarle demasiado conservador. Al final, después de tantas negativas, a Rubalcaba no le quedó más remedio que aceptar a Carlos Lesmes para impedir el bloqueo, pese a que este trabajó como director general de Relaciones con la Administración de Justicia en la etapa de José María Aznar.

Las aspiraciones de Marchena no llegaron a buen puerto en ese momento, pero el designado, Lesmes, es buen amigo del juez canario. De hecho, fue precisamente un gran apoyo para que él accediera a la presidencia de la Sala Segunda del Supremo. Ironías de la historia, cabe recordar que logró ese puesto también con el voto de Mercè Pigem, propuesta por CiU. Pasarán cinco años antes de que Marchena goce de otra oportunidad para hacer realidad su sueño. Y esta vez estaría muy cerca. En noviembre de 2018, su candidatura para presidir el Supremo era firme. Estaban de acuerdo el PP y el PSOE. El partido conservador estaba presidido por Pablo Casado, pero se dejaba aconsejar en esta cuestión por Rafael Catalá. También Lesmes apoyaba la opción de Marchena. Y Enrique López, consejero de la presidenta madrileña, Isabel Díaz Ayuso. Por parte socialista, sus valedores ante Pedro Sánchez eran Grande-Marlaska y Margarita Robles. También contaba con la amistad de Juan Carlos Campo, que luego sería ministro de Justicia. El juez del *procés* ha sabido moverse con habilidad entre los dos grandes partidos y cuenta con buenas amistades en ambos. La negociación política fue ardua, pero parecía que todo estaba encauzado. El PP estaba dispuesto a quedarse en minoría en el CGPJ si la presidencia era para Marchena. El PSOE no podía rechazar esa oferta. Pero el 19 de noviembre *El País* publicaba un whatsapp del portavoz popular en el Senado, Ignacio Cosidó, justificando la operación de los nombramientos porque con Marchena al frente se estaría «controlando a la Sala Segunda desde detrás». Y todo saltó por los aires. El escándalo fue mayúsculo. Marchena siempre sospechó que Lola Delgado estuvo detrás de la filtración periodística para cortocircuitar su ascenso. En cualquier caso, sus aspiraciones se desmoronaron. Redactó un comunicado en el que renunciaba a la candidatura. Era la única forma de proteger su prestigio ante la acusación de estar al servicio de los populares.

Solo un juez vio rebelión

Marchena empieza a escribir la sentencia por la parte que se refiere a la presunta vulneración de derechos fundamentales durante el 1 de octubre y en la manifestación frente a la Conselleria d'Economia, en septiembre de 2017. Se emplea a fondo en rebatir el llamado «derecho a decidir». Se ha estudiado la sentencia del Tribunal Supremo de Canadá, que se pronunció sobre si los independentistas podían separar Quebec unilateralmente en caso de ganar un referéndum. Tras dos años de deliberaciones, la alta instancia canadiense hizo pública su respuesta en agosto de 1998. Un veredicto que los dos bandos interpretaron como favorable a sus intereses. Los federalistas se felicitaron porque el tribunal concluyó que Quebec no puede separarse unilateralmente, sin una negociación, de acuerdo con la Constitución y el derecho internacional. Pero añadieron que «un voto mayoritario claro en Quebec a una pregunta clara a favor de la secesión conferiría una legitimidad democrática a la iniciativa de la secesión que el resto de los participantes en la Confederación deberían reconocer». En opinión de Marchena, para que pueda celebrarse un referéndum pactado en Cataluña, tiene que afrontarse antes una reforma constitucional.

Los siete miembros del tribunal del *procés* comparten muchas horas juntos. Y en algunos recesos del juicio tienen oportunidad de intercambiar opiniones. Además de Marchena, lo componen Antonio del Moral (considerado conservador, que ya confirmó la condena a Artur Mas por el 9-N), Juan Ramón Berdugo (conservador), Andrés Martínez Arrieta (calificado de moderado, perteneciente a la Asociación Judicial Francisco de Vitoria, y que podría haber sido el presidente de la Sala Segunda de haber ascendido Marchena a la cúpula del Supremo), Luciano Varela (progresista), Andrés Palomo (progresista), Ana Ferrer (primera mujer magistrada de la Sala de lo Penal del alto tribunal, considerada progresista). ¿Y Marchena? ¿Cómo se define ideológicamente? Es cierto que fue designado como conservador, pero también era aceptado por los socialistas. Por sus opiniones, quizá en algún momento se le habría podido situar próximo a Ciudadanos, cuando el partido de Albert Rivera estaba en la cresta de la ola, pero si fuera así, duró muy poco. Lo único seguro es que Marchena no soporta a Podemos ni a Vox. Pero cuenta con un amplio ramillete de amigos influyentes en el PP y el PSOE. Se le dan bien, además, las relaciones públicas. Durante su juventud, incluso se le pasó por la cabeza fugazmente la idea de ser periodista.

El grueso de la sentencia está redactada por el presidente del tribunal, que ejerce de ponente, pero se han repartido algunos fragmentos. Marchena no se aísla mediáticamente durante el juicio. Sigue lo que se publica en los diarios, tanto en papel como digitales. Y, en especial, los medios catalanes. Incluso algunas webs en catalán. Conoce a todos los personajes del ecosistema mediático en Cataluña, columnistas, tertulianos... Por ejemplo, no le gustan nada los análisis jurídicos del penalista Joan Queralt, que suele comentar cada sesión del juicio en TV3. En cambio, disfruta con los artículos del filósofo Bernat Dedéu en *El Nacional* por su causticidad con el *procés*. Tampoco deja de conversar con algunos periodistas en Madrid. Su relación con los abogados de la defensa es curiosa. Durante la vista deja entrever que Jordi Pina, el letrado de Jordi Sànchez, Jordi Turull y Josep Rull, no es, desde luego, su favorito. El estilo de Pina, en realidad, no complace a bastantes miembros del tribunal, que lo critican sin ambages por considerarle excesivamente emotivo y poco profesional. Tampoco es del agrado de los fiscales. En general, unos y otros prefieren a Marina Roig, abogada de Jordi Cuixart.

Marchena intenta mostrar durante la vista una imagen pulcra e impecable, pero se le escapan algunas frases que denotan su impaciencia con algunos letrados: «A ver, señor Pina, lo que podemos hacer es que usted testifique en lugar del testigo, si le parece. Esto no es serio» o «¿Qué haríamos sin usted, señor Pina?». Con Benet Salellas, también defensor de Cuixart, tiene varios rifirrafes. Por ejemplo, cuando este interroga a un constitucionalista sobre el derecho de autodeterminación y

Marchena le reprocha: «Vamos a ver, la sala no puede escuchar de un testigo lecciones de derecho constitucional, eso es un insulto». Pero sobre todo comete un error manifiesto cuando este acaba con un «no haré más preguntas» y el juez contesta: «Mucho mejor». Pese a la fama que va adquiriendo Xavier Melero en Cataluña por sus intervenciones realistas y técnicas en el juicio, en las antípodas de las de Pina, no es el abogado favorito de los miembros del tribunal, que vierten más elogios hacia Joan Segarra, defensor del *exconseller* Santi Vila.

Pero más allá de las valoraciones profesionales, las relaciones personales son más que correctas. Marchena, por ejemplo, no dudará en interesarse por la salud de Quico Homs un año después, cuando este sufre un grave accidente de bicicleta. Homs había formado parte también del equipo de la defensa. La víspera del día en que los acusados deben pronunciar su alegato final ante el tribunal, Marchena es visto a la hora de cenar en el restaurante El Mentidero de la Villa, cercano a las Salesas. Cuando ya está dentro del local, con una cerveza sin alcohol en la mesa, sus escoltas le telefonean para informarle de que algunos de los abogados de los presos del *procés* se dirigen hacia ese mismo restaurante. Marchena decide refugiarse entonces en uno de los reservados con tan mala fortuna que los letrados han ocupado el contiguo. Aunque el juez no escucha el contenido de las conversaciones (en catalán), sí distingue la voz de Homs y oye cómo brindan para celebrar el final de los largos meses de juicio en los que se ha forjado entre algunos letrados una relación de franca camaradería.

Hacia mitad del juicio, Marchena ya se va decantando hacia la sedición. De hecho, le molesta especialmente que la Fiscalía insista en la rebelión y no incluya ese delito en su petición, aunque sea como segunda opción. Puede agarrarse al hecho de que lo ha solicitado la Abogacía del Estado, pero le habría facilitado las cosas que los fiscales hubieran incluido la posibilidad de la sedición. Además, la petición de la Abogacía del Estado se produce después de un conflicto político ruidoso. El Gobierno ha hecho cambiar de criterio a sus servicios jurídicos con una fuerte contestación interna que ha derivado en la dimisión de Edmundo Bal, quien acabaría en las filas de Ciudadanos. La actuación de los fiscales es objeto de crítica entre los miembros del tribunal, que consideran que han preparado poco las pruebas y han basado toda su estrategia en el reguero de policías nacionales y guardias civiles que fueron citados a declarar para explicar que fueron agredidos con violencia durante el 1-O. Los fiscales Zaragoza y Madrigal conocían al detalle las investigaciones llevadas a cabo por el teniente coronel Daniel Baena en Cataluña en contra del *procés* y sus dirigentes.

Marchena busca una sentencia unánime. Estima que el Tribunal Supremo debe dejar clara su posición en un asunto de tal trascendencia, que afecta a la unidad territorial de España. Considera factible que algún magistrado decida redactar un voto particular para introducir matices sobre la argumentación del fallo, pero la decisión sobre los delitos que concurren en este caso debería ser consensuada. Más adelante, los altavoces mediáticos de la derecha, en especial Federico Jiménez Losantos, se referirán al tribunal de manera insistente, con tono irónico y despectivo, como «los unánimes», apelativo que a algunos de los jueces no les hará ni pizca de gracia. En realidad, casi todos los miembros del tribunal se decantan por la sedición, aunque algunos hayan manifestado dudas durante el transcurso del juicio. En los primeros compases de la vista, durante las deliberaciones informales, uno de los magistrados apunta la posibilidad de un delito de «rebelión imposible». Para explicarlo con un ejemplo sencillo: pongamos por caso que un individuo trama asesinar a su pareja y, cuando llega a su casa, la ve tumbada en la cama y le dispara varios tiros pensando que está dormida. Una vez practicada la autopsia se concluye que en realidad falleció de un ataque al corazón varias horas antes. La respuesta de Marchena a esa elucubración es terminante: «Si quieres y lo ves así, la escribes tú, pero yo no voy a argumentar eso».

En este verano de 2019 ya tienen todos asumido que los encausados serán condenados por sedición, aunque el problema va a ser llegar a un consenso sobre las penas. Solo uno de los magistrados ha defendido abiertamente la rebelión en las deliberaciones del tribunal. Se trata de Martínez Arrieta, que acaba alineándose con el resto de sus compañeros cuando se deja claro que la sentencia va a reconocer la existencia de violencia en los hechos juzgados. El argumento será, a grandes rasgos, el siguiente: para que existiera rebelión, no solo tiene que haber violencia, sino que esta debería ser instrumental, estructural, y no simples episodios como los que existieron.

En Cataluña se discute la mayor. Muchos ciudadanos, incluso no independentistas, rechazan que existiera una violencia más allá de la que emplearon los policías y guardias civiles para tratar de impedir la votación del 1-O. Y, respecto a la manifestación ante la Conselleria d'Economia el 20 de septiembre de 2017, mientras los secretarios judiciales registraban las oficinas, gran parte de los catalanes consideran que no fue más que una muestra de libertad de expresión, aunque la letrada del juzgado tuvo que salir por la azotea ante la aglomeración que había en la calle para protestar por la operación en marcha. Pero el tribunal estima que en ambos casos se trató de impedir la aplicación de las resoluciones judiciales de forma deliberada.

La rebelión está incluida en el título de los delitos contra la Constitución del Código Penal y castiga a quienes se alcen «violenta y públicamente para, entre otros objetivos, declarar la independencia de una parte del territorio nacional». El uso de la violencia es la clave. En España solo se ha atribuido rebelión a los golpistas de 1981. Antonio Tejero y Jaime Milans del Bosch fueron condenados a treinta años de prisión. La sedición está tipificada como delito contra el orden público y castiga a quienes «se alcen pública y tumultuariamente para impedir, por la fuerza o fuera de las vías legales, la aplicación de las leyes».

Los jueces de la Sala Segunda discuten a fondo sobre la relación entre la violencia y el delito de rebelión. La Fiscalía sostiene que los acusados habían mantenido una violencia contra el Estado durante todo el *procés*, pero los magistrados rechazan que la violencia se pueda sostener durante varios años. Lo que ocurrió en el otoño de 2017 fueron episodios violentos, según la sentencia, con el objetivo de presionar al Estado a negociar para conseguir que aceptara un referéndum, no para dar un golpe. Ese razonamiento debería desterrar del discurso del PP, Ciudadanos y Vox la referencia constante a los independentistas como «golpistas», consideración que, implícitamente, impide cualquier posibilidad de negociación política, puesto que nada se puede ceder ante quienes pretenden una asonada. Bajo ese calificativo, que la sentencia no comparte, subyace un mensaje nítido: un Estado de derecho no negocia con golpistas.

Los magistrados del Supremo descartan, pues, la rebelión. También la conspiración para la rebelión o tentativa de rebelión, lo que implicaría una sustanciosa rebaja de penas. En las reuniones, Marchena lo justifica con un ejemplo: si alguien amenaza con matar a otra persona con una pistola de juguete, no hay una tentativa de asesinato. Otros juristas discrepan de ese análisis al considerar que, si se sigue ese argumento, el intento de rebelión no existe si no se culmina, lo cual es una contradicción. De hecho, los fiscales, *a posteriori*, consideran que habría sido más lógico condenar por tentativa de rebelión y las penas habrían sido incluso menores de las que finalmente se dictaron.

La declaración del *lehendakari*, Iñigo Urkullu, sirve para apuntalar la tesis de la sedición, ya que el dirigente vasco sostuvo durante el juicio que la intención de los políticos independentistas era forzar una negociación con el Estado, más que conseguir la independencia. Marchena y Varela son los miembros del tribunal que lideran la tesis de la sedición frente a la rebelión. El segundo insiste en las deliberaciones en que todo había sido un engaño a la sociedad catalana. En definitiva, una farsa. Y así es como la sentencia acaba recogiendo la palabra *ensoñación* para definir el *procés*, un término cuya autoría muchos atribuyen al presidente del tribunal. En el texto que acompaña al fallo se sostiene que «el Estado mantuvo en todo momento el control de la fuerza militar, policial, jurisdiccional e incluso social. Y lo mantuvo convirtiendo el eventual propósito independentista en una mera quimera». Es la tesis que sostuvo Urkullu. Para apuntalar ese razonamiento, la sentencia añade que el Gobierno pudo aplicar el artículo 155 de la Constitución, que supone la intervención de la autonomía catalana, sin ningún problema. «Bastaron unas páginas del *BOE*», subraya.

Pero si el proceso independentista fue solo una mera ensoñación, las penas dictadas se antojan muy altas. Ello a pesar de que se incluye el delito de malversación en concurso medial con el de sedición, fórmula que vincula la necesidad de un delito para cometer el otro, lo que evita que aún se disparen más las penas. El líder de ERC y *vicepresident* del Govern, Oriol Junqueras, es condenado a trece años de prisión y trece de inhabilitación. La Fiscalía pedía veinticinco años, la Abogacía del Estado, doce, y la acusación popular, representada por Vox, setenta y cuatro años. Los *exconsellers* Raül Romeva, Jordi

Turull y Dolors Bassa, a doce años de cárcel y doce de inhabilitación. La expresidenta del Parlamento, Carme Forcadell, es condenada a once años y seis meses de prisión y otros tantos de inhabilitación (no se la condena por malversación). Los *exconsellers* Joaquim Forn y Josep Rull, a diez años y seis meses de prisión. El expresidente de la Assemblea Nacional Catalana (ANC), Jordi Sànchez, es condenado a nueve años de cárcel y otros tantos de inhabilitación por sedición (menor cuantía en su caso por no tratarse de una autoridad pública), igual que el expresidente de Òmnium Cultural, Jordi Cuixart. Finalmente, los *exconsellers* Meritxell Borràs, Carles Mundó y Santi Vila, son condenados por desobediencia a diez meses de multa.

En efecto, la sentencia no satisface a nadie. Quienes sostienen que los líderes independentistas dieron un golpe de Estado posmoderno y que solo los frenó la intervención de la autonomía mediante la aplicación del artículo 155 estiman que la sedición es una claudicación por parte del tribunal. Consideran que no estamos ante un delito de desórdenes públicos como es el de sedición, sino que se atentó contra la Constitución. En su opinión, no se explica que, ante un problema de altercados callejeros, se produzca una declaración pública por parte del rey Felipe VI como la del 3 de octubre de 2017. En esa intervención, el monarca denuncia una «deslealtad inadmisible hacia los poderes del Estado» por parte de las autoridades catalanas, que se han situado «al margen del derecho y la democracia», con la voluntad de «quebrar la unidad de España». Curiosamente, en los 493 folios que ocupa la sentencia del *procés* no hay una sola mención al discurso del rey. El malestar en los partidos de la derecha es notorio, pero también en buena parte de la Judicatura. Carlos Lesmes, presidente del CGPJ y del Supremo, amigo de Marchena, admite en una entrevista que él habría condenado a los líderes independentistas por rebelión.

Como hemos dicho con anterioridad, el hecho de que el fiscal Maza acusara de rebelión marca la causa desde un inicio. Pone el listón muy alto. Después de dos años en prisión provisional, es difícil que se imponga una pena que implique que, al menos una parte de los acusados, salga enseguida de la cárcel. Pero no solo eso. Maza y quienes sostienen en algunos medios de comunicación que lo ocurrido en Cataluña fue un golpe de Estado construyen un relato que incluye sentimientos de humillación hacia las fuerzas y cuerpos de seguridad que trataron de impedir el referéndum del 1 de octubre o hacia los responsables del juzgado que quedaron atrapados en la Conselleria d'Economia en septiembre, ofensas que exigen una respuesta contundente del Estado. En el otro extremo de la balanza, algunos juristas y una parte nada desdeñable de la sociedad catalana sostienen que el grado de violencia que se aduce no es suficiente para sostener una acusación de sedición. Y alertan de que cualquier altercado en el marco de una protesta sindical o social alcanza mayores grados de violencia que las vividas en las calles de Cataluña en 2017, de forma que esta calificación sitúa la libertad de expresión en una situación muy delicada.

En el palacio de las Salesas, desde hacía meses, había empezado a circular una expresión que apuntaba a lo que sería la sentencia: «Sedición alta». Es decir, los encausados serían condenados por sedición, en la línea de lo que defendía el Gobierno de Sánchez, pero se dictarían penas situadas en la banda alta como compensación hacia los sectores que pedían más mano dura. Lo de la «sedición alta» era muy comentado en el Café Varela, clásico restaurante con solera del centro de Madrid en el que antaño recalaron desde Unamuno hasta Machado. De ese local fue habitual Francisco Franco cuando era comandante general de Canarias, tal como reza en el folleto que el propietario acostumbra a regalar a algunos de los visitantes.

En ese restaurante aún se dan cita y comparten largas sobremesas personajes del mundo periodístico, político y jurídico de la capital. Quienes están convencidos de que ese intento de compensar la calificación del delito con las penas está en el trasfondo de la sentencia auguran que el resultado no será del agrado de los tribunales europeos, que pueden considerar las condenas desproporcionadas. En otros países europeos, la rebelión está castigada con penas muy elevadas, pero la sedición es un concepto que no siempre se entiende de igual forma en función del Código Penal de cada país.

Es 12 de octubre de 2019, Día de la Hispanidad. El diario *El País* ha publicado que los encausados serán condenados por sedición. De hecho, ya hace semanas que se especula en la prensa sobre esa conclusión, aunque no se conocen las penas. Pero esa filtración copa la recepción que el rey convoca en el palacio real. Ese día, Marchena saluda sonriente al monarca cuando le toca el turno en el besamanos oficial. El rostro de Felipe VI también refleja cordialidad, pese a que algunas terminales mediáticas ya están muy excitadas ante una sentencia que consideran demasiado condescendiente. Los miembros del Gobierno presentes en el acto se muestran optimistas, empezando por Pedro Sánchez, que ha conseguido la presidencia gracias a los votos de ERC en el Congreso. La ministra de Justicia, Lola Delgado, también parece satisfecha. Cuando se conozca el contenido completo del fallo, es decir, las penas, la sonrisa se tornará en mueca de disgusto o, al menos, de preocupación.

En el tribunal están convencidos de que la filtración principal de la noticia ha partido del Gobierno socialista, lo que implica que este conocía su contenido. No hay que olvidar la estrecha relación entre Marchena y el ministro de Justicia, aunque el presidente de la Sala Segunda no solo rechaza de plano haber dado pistas sobre el contenido de la decisión judicial, sino que además tendrá que pedir disculpas «de corazón» por no haber podido impedir esa filtración cuando, pocos meses después, en octubre, se somete a la comisión de calificación del CGPJ para ser reelegido en el cargo.

Marchena ha reflexionado sobre el momento más adecuado para publicar la sentencia. El calendario no es fácil. El mes de octubre está plagado de conmemoraciones para el independentismo: el aniversario del referéndum del 1-O, del discurso del rey del día 3 o incluso del fusilamiento de Lluís Companys, el día 15, que también es tenida en cuenta por el presidente del tribunal. Además, el día 12 se celebra la Hispanidad, así que la idea era que la sentencia no se convirtiera en el motivo de comentario principal de esa jornada. Además, el día 16 se cumplen los dos años de prisión provisional para Jordi Sànchez y Jordi Cuixart, el máximo que pueden permanecer encarcelados si no hay sentencia de por medio. Así que el tribunal se marca ese día en rojo en el calendario para hacer público antes el fallo.

Finalmente, la sentencia se entrega a las partes el 14 de octubre. La lluvia de críticas acabará por hacer mella en el ánimo de Marchena, aunque no lo quiera reconocer. Los magistrados de un alto tribunal no asumen de buen grado que se cuestionen los fundamentos jurídicos de sus decisiones de una forma tan descarnada y pública. Tienden a pensar que los medios hacen una aproximación naíf e ignorante a la materia. En teoría, las resoluciones de los jueces deben ceñirse a las normas aprobadas por el Legislativo, pero también es cierto que, cuando sus decisiones son contestadas, o simplemente incomprendidas, por una gran parte de la sociedad puede concluirse que algo falla. La justicia funciona cuando los ciudadanos estiman que se ha impartido justicia, no cuando creen que se ha incurrido en arbitrariedad. Así que, en los casos en los que amplias capas de la población consideran que una sentencia es injusta, puede darse alguno de estos motivos: o bien el Legislativo se ha quedado corto, o bien los jueces no han hecho su trabajo como debieran o bien la sociedad ha caído en manos del populismo y la demagogia. En el caso de la sentencia del *procés*, el diagnóstico resulta más difícil porque la percepción en la sociedad catalana está dividida por la mitad, pero ninguna de las dos partes la suscribe de forma indiscutida, mientras que buena parte del resto de los españoles quizá estén de acuerdo con las penas dictadas, y hasta hubieran preferido la condena por rebelión.

La respuesta a la sentencia en las calles de Barcelona no se hace esperar. Los disturbios se suceden durante octubre de 2019. El centro de la ciudad es un polvorín, plagado de hogueras que salpican los cruces del Eixample. Las multitudinarias manifestaciones de protesta de la tarde se convierten en altercados violentos al caer la noche, con barricadas en la plaza de Urquinaona y Via Laietana, donde la Policía Nacional tiene su comisaría principal. Los centenares de alborotadores que toman las calles, camuflados con pasamontañas y capuchas, lanzan adoquines y piedras que cargan en sus mochilas, botellazos y cócteles molotov. Cruzan y queman contenedores con evidente destreza. Hay grupos con experiencia en guerrilla urbana que dirigen los movimientos, pero miles de jóvenes, muchos hijos de clase media, casi adolescentes, también se suman a las algaradas. Los Mossos se emplean a fondo en dispersarlos, con pelotas de goma y gases lacrimógenos. El *president* de la Generalitat, Quim Torra, se pone de parte de los agitadores y colisiona de manera frontal con su propio *conseller* de Interior, Miquel Buch, y con el mando de la policía catalana.

La virulencia desatada como respuesta a la sentencia en Barcelona sorprende al tribunal sentenciador. Al fin y al cabo, sus miembros piensan que aún podrían haber sido más duros. La sedición puede castigarse hasta con quince años de prisión cuando se trata de personas constituidas en autoridad y, si se le suma la malversación, se dispara la estancia en la cárcel, ya que este delito está castigado con entre dos y seis años. La pena máxima asignada ha sido de trece años, a Junqueras. Los magistrados también consideran que podrían haber incluido a algunos *consellers* más en la banda alta de las condenas. Es más, de haber decidido que concurrió rebelión, como pedían la Fiscalía y algunos medios de comunicación, se podría haber llegado hasta los veinticinco años de cárcel. Así lo ven algunos en el palacio de las Salesas. Hasta allí llegan ahora las imágenes de los disturbios en Barcelona, pero diríase que resuenan más fuerte las invectivas de editoriales de algunos diarios editados en Madrid o las peroratas de los tertulianos de la capital.

En Barcelona la perspectiva es muy distinta. Las penas se consideran exageradas en sectores que van más allá del independentismo. Incluso en entornos socialistas, muy críticos con los condenados, cunde la preocupación por la dificultad para restañar las heridas de una sociedad muy dividida a partir de una sentencia que condena a largos años de cárcel a quienes han sido sus líderes políticos elegidos democráticamente. Pero en estos días de octubre posteriores a la sentencia, una parte significativa del independentismo quiere aprovechar el detonante para devolver el curso de la historia a la oportunidad perdida de octubre de 2017, cuando se declaró una secesión sin consecuencias prácticas. Se producen movilizaciones, unas pacíficas y otras que acaban en altercados. Desde hace meses se ha constituido lo que se ha llamado el Tsunami Democràtic, un grupo que se esconde bajo el anonimato y da instrucciones a quienes protagonizan las protestas a través de una aplicación informática propia. Nadie duda en Cataluña de que detrás están dirigentes de los partidos independentistas. Sin embargo, a pesar de las insinuaciones, nadie se arriesga a publicar nombres y apellidos. Bajo esas órdenes, el tumulto está a punto de tomar el control del aeropuerto de El Prat el 14 de octubre, pero en el momento más crítico los asaltantes reciben la instrucción de dispersarse. Cinco años después, la justicia no ha llegado a aclarar las responsabilidades penales de individuos concretos por estos hechos. El propio *president* de la Generalitat, Quim Torra, apoya con su presencia a los piquetes que cortan la carretera de la frontera con Francia, en La Jonquera.

Pese a la efervescencia de las protestas, que van declinando con el paso de los días, los líderes condenados permanecen en la prisión de Lledoners, bajo custodia de las autoridades catalanas. Se abre paso el debate sobre la vía más rápida para que accedan a mayores cotas de libertad, siempre dentro del marco legal. Durante el juicio, la Fiscalía pidió que no accedieran a la semilibertad o tercer grado hasta haber cumplido al menos la mitad de las condenas. Pero el tribunal desestimó esa petición desde el primer momento. Así que todo está en manos de las instituciones penitenciarias, que dependen de la Generalitat. Es evidente que la Administración autonómica hace lo posible por que la vida de los presos sea lo más llevadera posible, sin traspasar líneas rojas que puedan provocar medidas drásticas por parte del Supremo. Así, llegan enseguida los permisos para ir a trabajar o un régimen de visitas lo más laxo posible. Puesto que no son presos conflictivos, resulta fácil argumentar en su favor durante los trámites administrativos, aunque en el Tribunal Supremo están convencidos de que impera una coacción sibilina en la cárcel de Lledoners por la cual los funcionarios hacen la vista gorda para no tener problemas no solo laborales, sino también en el entorno de sus familias. Lo cierto es que los presos obtienen en secreto algunos privilegios, como por ejemplo el acceso a comunicaciones por internet. Algunos de los condenados despachan constantemente sus tareas como dirigentes políticos por videoconferencia durante horas, sobre todo conforme avanzan los meses y disminuye la presión mediática.

El viraje de Marchena

Ya durante el juicio planea en el Gobierno socialista la posibilidad de acometer un cambio en el Código Penal que modifique el delito de sedición. Sobre este punto, Marchena va cambiando de posición a medida que pasan los meses. En un principio se muestra más o menos conforme con esa posibilidad. O, al menos, comprensivo respecto de su utilidad política para el Gobierno. Pero después de la sentencia y de las reacciones que esta suscita, sus posiciones se van endureciendo. De aprobarse, el tribunal tendría que revisar la condena, ya que rige la máxima de que la nueva legislación favorece al reo. Será la vicepresidenta del Gobierno Carmen Calvo quien empezará a redactar el nuevo delito de sedición por encargo de Sánchez. Luego la tarea recaerá en el ministro de Justicia, viejo amigo de Marchena. Ambos habían conversado más de una vez sobre esta cuestión. Juan Carlos Campo declara en el Congreso que se trata de una «obligación» adaptar las penas por sedición a lo que en Europa se considera razonable. Ese cambio, una vez aprobado, permitiría rebajar la estancia en prisión de los condenados e incluso podría servir para propiciar el retorno de los que están huidos —que el independentismo considera exiliados—, puesto que se enfrentarían a penas menores. El proyecto se concibió inicialmente como una forma de paliar los efectos de la sentencia sin tener que recurrir a los indultos, que el PSOE consideraba que le suponían un coste electoral muy elevado. Pero el plan acaba por descansar en un cajón sin que llegue al Consejo de Ministros.

Durante el año posterior a la sentencia, la sombra del *procés* sigue persiguiendo a Marchena. Las decisiones sobre política penitenciaria llegan en última instancia a su mesa. Se muestra inflexible en el rechazo a las demandas para acceder a regímenes más abiertos por considerar que no existe una intención de arrepentimiento, ni siquiera de reconocimiento del delito cometido por parte de los presos. La repetición del mantra *«ho tornarem a fer»* («lo volveremos a hacer») le exacerba especialmente. El magistrado ha llegado a la conclusión de que ya ha hecho lo que tenía que hacer. A partir de la sentencia, si a la política le conviene rebajar la tensión o, para ser más exactos, si al Gobierno de Pedro Sánchez le interesa mejorar la relación con una ERC que se ha convertido en muleta imprescindible para que gobierne la izquierda, será el presidente quien tendrá que asumir los riesgos y aprobar los indultos. Esa es la conclusión a la que llegan los magistrados del Supremo.

La incomprensión con que es recibida la sentencia va haciendo mella en el ánimo del presidente del tribunal y su actitud hacia el conflicto catalán, al principio curiosa e incluso con voluntad empática, roza ahora el hastío. Hasta en la Fiscalía están convencidos de que Marchena va endureciendo su posición después de dictar la sentencia. También es cierto que la mayoría de los tribunales suelen manifestarse en contra de la concesión de indultos, salvo casos excepcionales. Al fin y al cabo, si han dictado una condena es porque la consideran justa y no susceptible de perdón. Los motivos para conceder un indulto, según la ley, tienen que ver con la justicia, la equidad o la utilidad social. El Gobierno se acoge a la tercera consideración. La Sala Segunda del Supremo rechaza que concurran tales circunstancias, insiste en que no existe arrepentimiento por parte de los condenados (aunque no es algo preceptivo para obtener la gracia), que incluso han manifestado públicamente su intención de reincidir y, según el tribunal, han mostrado una «actitud antidemocrática».

El informe del Supremo sobre los indultos, no vinculante, de mayo de 2021, se introduce en cuestiones que tienen más que ver con la política. En concreto, con los acuerdos entre partidos para la gobernabilidad en España. Así, analiza la cuestión «desde la singular perspectiva que ofrece el presente caso en el que algunos de los que aspiran al beneficio del derecho de gracia son precisamente líderes políticos de los partidos que, hoy por hoy, garantizan la estabilidad del Gobierno llamado al ejercicio del derecho de gracia». Y remata: «La Sala coincide con la idea de que la finalidad del artículo 102 de la Constitución no es otra que la de impedir medidas de autoindulto». El argumento del tribunal es que el Gobierno pretende «corregir la sentencia», actuando como si fuera una segunda instancia judicial, lo cual se considera «inaceptable». Es decir, que Sánchez quiere aplicar la medida de gracia a alguien, Oriol Junqueras, que dirige al partido que sostiene al Ejecutivo y que ha facilitado la investidura del presidente. Por su interés político y personal. Es un reproche que excede las consideraciones jurídicas.

El escrito también rebate la tesis de que las penas fueron desproporcionadas. Es la cuestión clave. En ese sentido, subraya que los líderes del *procés* no cometieron un mero delito contra el orden público, sino «un ataque a la paz pública y a la observancia de las leyes y resoluciones como fundamento de la convivencia». Y lo acompaña de un repaso por los códigos penales de países como Alemania, Francia, Italia, Bélgica o Portugal, que, según dice, castigan con más dureza hechos similares. Casi a modo de justificación de las penas dictadas.

Es la evidencia de que en la Sala Segunda cunde el malestar. El tribunal teme que se imponga el relato de que las penas dictadas son desproporcionadas y por eso ha tenido que intervenir el Ejecutivo aplicando los indultos. La inquietud por el hecho de que esa tesis cale en los medios de comunicación y acabe influyendo en instancias jurídicas europeas está detrás de los duros términos en que se expresa el ponente Marchena en su resolución contra el perdón a los condenados, aunque eso sea tanto como admitir que los jueces de otros países son más sensibles a la persuasión mediática que los del alto tribunal español. Sea como fuere, en el Supremo se extiende la sensación de que el Gobierno, por intereses políticos, va a dejar en la estacada a la justicia española. Todo ello aderezado con otro debate político que afecta a la alta Judicatura, como es el conflicto por la renovación del CGPJ y las acusaciones públicas por parte de UP y en especial de Pablo Iglesias, vicepresidente del Gobierno, contra la cúpula de los jueces, a la que atribuye connivencia con intereses de la derecha para desestabilizar al Ejecutivo de la coalición progresista.

Tanto el tribunal como los acusados han pensado en todo momento que la última palabra sobre el proceso la tendrá Europa. La partida no se acabará hasta que resuelvan el Tribunal Europeo de Derechos Humanos, con sede en Estrasburgo, y el Tribunal de Justicia de la Unión Europea, en Luxemburgo. Antes de acudir a Europa, los condenados han tenido que recurrir al Tribunal Constitucional, que ha refrendado las decisiones del Supremo, a pesar de las inquinas que también existen entre magistrados de una y otra instancia. Sin embargo, ese aval no es total, ya que el fallo del Constitucional no es unánime. Existen tres votos particulares, basados precisamente en la supuesta desproporción de las penas, que será utilizado por los afectados para afianzar sus argumentos en los recursos ante la justicia europea.

El Constitucional refrenda que las sentencias por sedición respetan el «principio de seguridad jurídica» y respalda los motivos que aduce el Supremo. El criterio mayoritario del tribunal es que las penas aplicadas no son desproporcionadas y que, además, «no han tenido un efecto desalentador» en los condenados. Pero los magistrados progresistas Juan Antonio Xiol y María Luisa Balaguer introducen una discrepancia, a la que se sumará Ramón Sáez después de la renovación parcial de los miembros del Constitucional. Los tres objetan una desproporción de las penas, basándose en el carácter poco claro del delito de sedición y de su conexión, en este caso, con derechos como la libertad ideológica o de reunión. Además, los tres consideran que el Supremo debería haber suspendido el proceso penal cuando consultó al Tribunal de la Unión Europea sobre la inmunidad de Junqueras en el momento de ser elegido eurodiputado.

Test de estrés a la justicia española

Entre los jueces y fiscales del Supremo predomina la impresión de que el tribunal de Estrasburgo no pondrá reparos al desarrollo del juicio. Incluso recuerdan que Amnistía Internacional consideró que no se habían vulnerado derechos fundamentales. Sin embargo, los puntos débiles son las prisiones preventivas y el derecho de participación política. La misma organización humanitaria subraya que los dos años de cárcel provisional no se justifican, sobre todo en el caso de Jordi Sànchez y Jordi Cuixart, que no pertenecían a ningún Gobierno, sino que eran activistas sociales. Por otra parte, el Tribunal Europeo de Derechos Humanos es muy protector de las garantías de participación política que los encausados que concurrieron a elecciones no pudieron llegar a ejercer pese a que aún no habían sido condenados en firme. De hecho, el Tribunal de Justicia de la Unión Europea (TJUE) ya dictaminó que se debía haber autorizado a Oriol Junqueras, que entonces estaba en prisión provisional, a acudir al Parlamento Europeo, puesto que gozaba de inmunidad desde el mismo momento de su elección, aunque no hubiera ido a jurar la Constitución a la Junta Electoral Central. En el Supremo también existe la impresión de que la justicia europea puede acabar asumiendo la teoría de las penas excesivas.

El *procés* ha supuesto una prueba de estrés para la Judicatura española. No solo porque en Europa se juzgará su trabajo en una materia tan sensible, sino porque también se ha puesto en cuestión la validez de las euroórdenes de detención. El juez instructor, Pablo Llarena, vio cómo durante dos años varios tribunales extranjeros rechazaron la extradición de dirigentes del *procés* por no entender el delito del cual se los acusaba en España. En Bélgica, en Suiza, en el Reino Unido se han sucedido las negativas a entregar a los dirigentes huidos. Pero el golpe más duro para Llarena fue en 2018, cuando un tribunal de Schleswig-Holstein, en Alemania, se negó a extraditar a Puigdemont por sedición y solo aceptó hacerlo por malversación, con lo que el juez español retiró la euroorden. Los jueces alemanes llegaron a comparar lo ocurrido en Cataluña en 2017 con las protestas para impedir la ampliación del aeropuerto de Fráncfort.

Toda la estrategia política del *expresident* de la Generalitat pasa por obtener una victoria en los tribunales europeos que deje en mal lugar al Estado. Puigdemont busca su regreso a Cataluña en libertad, poniendo en evidencia los déficits de la democracia española. La justicia no es precisamente uno de los pilares institucionales que goza de mejor reputación popular. Los sondeos del Centro de Investigaciones Sociológicas (CIS) reflejan de forma reiterada en los últimos años una posición muy crítica por parte de los ciudadanos hacia la labor de los jueces, que consideran muy politizados. Además, un suspenso de Europa a la justicia española tendría también consecuencias políticas, ya que sería un refrendo a las tesis de Puigdemont, quien sostiene que es preciso mantener la presión sobre el Gobierno español y el enfrentamiento social y político para conseguir que aquel se avenga a negociar un referéndum de autodeterminación en Cataluña, frente a la estrategia adoptada por ERC en los últimos años de perseguir el mismo objetivo por la vía del diálogo.

Dos años después del juicio, Marchena acude a Barcelona, a la entrega de despachos a la última promoción de jueces, un acto presidido por el rey. Solo ha pasado una noche en la ciudad, pero lo suficiente como para percibir que la tranquilidad ha vuelto a las calles después de los disturbios ocurridos en anteriores visitas del monarca. Los indultos, sin duda, han contribuido a la calma. Marchena había dejado de viajar a Barcelona, pese a que antes del juicio se escapaba con frecuencia con su mujer para ir al Liceu. Aunque suele moverse con escoltas, le ha frenado el temor a ser reconocido. Barcelona no le es una ciudad ajena, ni mucho menos. Aquí viven familiares por parte de su madre, cuyo segundo apellido es catalán. De hecho, el juez conserva recuerdos de algunos veranos con sus padres alojados en el hotel Colón, justo enfrente de la catedral. En verano de 2022 se atreve a hacer una incursión barcelonesa invitado por el Colegio de Abogados y es recibido con la protesta de algo más de un centenar de independentistas. Una veintena de asistentes a la conferencia se levantan al inicio de su intervención para mostrar su rechazo a la sentencia del procés. El fiscal Zaragoza, en cambio, sí ha regresado a Cataluña en varias ocasiones. Su hija, también fiscal, está destinada en Barcelona, así que acude a visitarla de vez en cuando. El rostro de Zaragoza no es tan conocido, por lo que nunca se ha encontrado con un mal gesto o un improperio. Y eso que su posición durante el juicio fue muy dura. De hecho, sigue pensando que los condenados han permanecido muy poco tiempo en prisión, teniendo en cuenta lo que hicieron.

Es verano de 2021. La terrible pandemia de covid parece dar un respiro entre ola y ola de infecciones. A su regreso de

Fuerteventura, Marchena cuenta a sus conocidos una anécdota de sus días de descanso. En la playa, ataviado con bañador y polo, ve cómo una mujer de mediana edad se le acerca y, con un evidentísimo acento catalán, le inquiere:

—Oiga, ¿es usted el juez Marchena?

—Pues eso depende de para qué... —le replica receloso el interpelado.

—Hombre, o es o no es el juez Marchena, eso no tiene nada que ver.

—Tiene usted razón. Tengo que confesarle que sí, que soy el juez Marchena...

—Quiero decirle que usted, los Borbones y la corrupción española han causado mucho sufrimiento a mi pueblo...

Lejos de escabullirse, el juez decide emplearse a fondo en la conversación y le recita, de corrido, los tres o cuatro apellidos catalanes de su madre (Colomer, Obiols...). «Pues no se le ha pegado nada», insiste ella. Marchena y la señora prolongan la charla hasta que al final ella admite que en persona el juez es más agradable que vestido con toga por televisión.

Pero más allá de sus habilidades sociales, para la mayoría de los españoles el juez del *procés* ha sido la cara del Estado en el último intento de secesión de Cataluña. Si la política hubiera logrado encauzar el conflicto, no habría sido necesario que el Poder Judicial asumiera una función tan decisiva. En algún momento del proceso independentista el PP, que gobernaba durante ese tiempo, decidió que el dique que sostendría la unidad de España serían los tribunales. Y en buena parte así se lo tomaron algunos de los jueces y fiscales a los que les tocó lidiar con semejante responsabilidad.

La alta Judicatura no es ajena a la política. No solo existe una mayoría de los magistrados más cercanos a posturas conservadoras, sino que subyace la impresión de que el Gobierno de izquierdas puede ceder ante el independentismo catalán o el nacionalismo vasco una de las joyas de la corona: la unidad judicial. Es decir, que se permita la formación de un Consejo del Poder Judicial de ámbito catalán, con potestad para designar a los jueces y con un tribunal superior que se convierta en la última instancia en Cataluña. Un Poder Judicial catalán es algo que suscita muchos recelos. Esa prevención proviene ya de la reforma del Estatut. De los doscientos veintitrés artículos de ese texto legal, solo catorce fueron apreciados parcialmente nulos por el Tribunal Constitucional. Y de esos catorce, seis tenían relación con la justicia. Se consideró inconstitucional la inclusión de un Consejo de Justicia de Cataluña, aunque en principio no tenía por qué ser independiente del CGPJ español. Ambos podrían participar juntos en los nombramientos y en la tramitación de expedientes disciplinarios a jueces y magistrados, entre otras funciones. En todo caso, el Estatut abría una puerta sin acabar de concretar. Es evidente el temor de las instancias judiciales españolas a un germen de justicia catalana al margen de la del resto del Estado.

Contemplando con perspectiva la relevancia de un juicio como el del *procés* se entiende perfectamente la voluntad del PP y del PSOE por conservar el máximo de poder a la hora de nombrar a los miembros del órgano de gobierno de los jueces, que a su vez designa a los magistrados de altos tribunales. Al fin y al cabo, en el palacio de las Salesas se encargaron de castigar el intento de secesión. Poca broma.

4

SÁNCHEZ, EL CAMALEÓN DE LA POLÍTICA

Esa habilidad de cambiar de color para adaptarse al medio y lograr sus objetivos que caracteriza a los camaleones puede definir la manera de ejercer la política por parte de Pedro Sánchez. Es el líder de la oposición que apoyó la intervención de la autonomía catalana en 2017 para acabar, dos años después, siendo presidente del Gobierno gracias a un acuerdo con el independentismo. Si alguien es capaz de hacer de la necesidad, virtud, es Sánchez.

Las crónicas destacan de su personalidad la resiliencia, cualidad que él ha sabido subrayar aprovechando las adversidades que se han cruzado en su camino, que no son pocas. Algunos también inciden en su frialdad a la hora de tomar decisiones y ha acreditado que no le tiembla el pulso cuando ha de desprenderse de quienes le rodean si le resulta conveniente. En cambio, sus más estrechos colaboradores elogian su lealtad personal, su audacia y su perseverancia. Pero quizá lo que caracteriza de verdad a Sánchez es meramente un espíritu práctico muy acentuado. Una visión realista y utilitaria de la política que le permite sortear los baches, aunque sea a costa de decir hoy una cosa y mañana la contraria, laminando su credibilidad.

Esas características provocan que no haya un solo Sánchez cuando se trata de analizar su aproximación a la cuestión catalana. Es un líder que atraviesa diversos periodos. Del desconocimiento inicial pasa después a emplearse a fondo para luego caer en una cierta indiferencia. Su ánimo ante este conflicto oscila desde el interés hasta el hastío.

En la primera etapa como secretario general del PSOE, Sánchez se plantea el espinoso asunto con suma prudencia, consciente de que el terreno es inestable, y su experiencia sobre la materia, escasa. Su conocimiento del conflicto catalán se sustenta en la visión de los medios de comunicación que se publican o emiten desde Madrid. Temeroso de hablar sobre Cataluña y meter la pata, elude pronunciarse al respecto con dos o tres frases de recurso. En este momento, Sánchez no tiene un criterio claro sobre cómo hay que afrontar el auge independentista, lo que hace que se muestre prudente y conservador. Pero sí le interesa mucho conocer más sobre el tema. De ahí que, desde el primer instante, se apoye en Miquel Iceta, líder del PSC, para saber qué lenguaje emplear en Cataluña y no herir sensibilidades de uno u otro bando.

Durante un tiempo, Sánchez exhibe un relato de acercamiento a una visión de España periférica, desprovista de inquina hacia el independentismo. Esa etapa dura desde su llegada a la Moncloa hasta el otoño de 2019, aproximadamente, cuando se conoce la sentencia del Supremo a los líderes del *procés*. A partir de entonces, Sánchez da un giro hacia posiciones más clásicas en el PSOE y menos atrevidas, hasta que retoma la idea de la reconciliación en Cataluña, que culmina con los indultos en el verano del 2021. Luego trata de pasar página de nuevo sobre ese frente, pero la necesidad de contar con ERC le obliga a regresar a las arenas siempre movedizas de Cataluña. Los avatares del camino van condicionando la posición de Sánchez sobre este asunto que, sin embargo, marca de forma decisiva su presidencia.

Pero desandemos algunos pasos.

Al PSOE siempre le ha resultado incómoda la cuestión catalana. La mera existencia del PSC ya evidencia una relación singular que ha pasado por algunos momentos turbulentos y otros más dulces. Sin necesidad de remontarse a la Transición ni pretender resumir aquí una historia de los lazos entre el socialismo español y Cataluña, sí es preciso recordar algún pasaje de la etapa que comienza con la sentencia del Estatut, que es considerada por muchos el punto de partida del impulso independentista. Por ejemplo, el artículo que en julio de 2010 publicaron Felipe González y Carme Chacón en *El País*, dos generaciones del socialismo español y catalán, en el que definían España como «una nación de naciones» y proponían «restituir» aquellos preceptos del Estatut que habían sido anulados por el Tribunal Constitucional y que fueran recuperables. González sería después, durante algún periodo, uno de los más críticos dirigentes socialistas con la política de Sánchez de acercamiento al independentismo o con la concesión de indultos a los políticos condenados.

A Alfredo Pérez Rubalcaba, predecesor de Sánchez en la secretaría general del PSOE entre 2012 y 2014, nunca le interesó en especial el conflicto catalán. Ni siquiera podría decirse que el veterano socialista creyera demasiado en el proyecto federal de su partido. En plena crisis económica, la única aportación al modelo autonómico que consideró factible era la supresión de las diputaciones, que veía redundantes y sustituibles por un mayor número de mancomunidades de ayuntamientos. Es un esquema que ya defendió en su día Felipe González y que resultaba más popular, puesto que, según sus cálculos, permitiría ahorrar más de 1.000 millones de euros de gasto público. De hecho, Rajoy, entonces presidente, se siente muy cómodo con Rubalcaba en esta materia y muchas otras. En varias ocasiones almuerzan en la Moncloa, departen sobre el conflicto catalán y comparten en buena medida el diagnóstico y la respuesta, por más que el secretario general socialista defienda, formalmente, una reforma constitucional para federalizar el Estado español.

Mientras, el proceso independentista coge velocidad de crucero y el PSC se desangra por las discrepancias internas sobre cómo abordarlo. Las dos almas del partido, la catalanista y la más próxima al PSOE, cuya convivencia había sido el secreto del éxito del partido, ahora lo abren en canal. El primer secretario, Pere Navarro, había ganado el congreso de su formación con el mandato de acordar con el PSOE un nuevo protocolo de relaciones en las Cortes, de forma que los socialistas catalanes pudieran votar diferente de sus colegas españoles en asuntos que afectaran a su comunidad. Los independentistas aprovechan ese debate para hurgar en la herida socialista con un mensaje que asimila al PSC con una sucursal del PSOE, y a sus dirigentes como meros mandados de la sede madrileña de Ferraz. Después de muchas discusiones públicas sobre si el PSC debía formar un subgrupo propio en el Congreso (ya tuvieron grupo diferente al PSOE en esa Cámara en los primeros años de la Transición), se impuso la propuesta de dar licencia para votar distinto en materias delicadas. De hecho, Rubalcaba y Navarro encargan la elaboración del protocolo a Elena Valenciano, mano derecha del primero, y a Antonio Balmón, exponente del sector del PSC más cercano al PSOE.

Pero las relaciones entre los dos partidos hermanos siguen deteriorándose. Y arrecia la crisis en el seno del PSC cuando debe pronunciarse sobre si apoya o no que se celebre un referéndum de independencia. No es fácil sustraerse a ese debate omnipresente en Cataluña y resulta arduo argumentar ante la opinión pública que la solución al conflicto no pase por dejar que los ciudadanos decidan libremente en las urnas. En febrero de 2013 se produce el momento de mayor tensión entre el PSC y el PSOE. Navarro pide a sus catorce diputados en el

Congreso que apoyen una resolución a favor del «derecho a decidir» de los catalanes presentada por CiU e ICV, y que insta al Gobierno central a «iniciar un diálogo con el Gobierno de la Generalitat en aras de posibilitar la celebración de una consulta a los ciudadanos de Cataluña para decidir su futuro». La cuerda parece a punto de romperse. Algunos dirigentes del PSOE insinúan que lo mejor sería acabar con la relación y abrir una federación catalana para presentarse directamente a las elecciones en esa comunidad, al margen del PSC. El socialismo español y el catalán están al borde del precipicio. Y, en medio, una persona trata de hacer equilibrios imposibles: Carme Chacón.

La socialista ya se había enfrentado a Rubalcaba para dirigir el PSOE y, pese a perder la batalla, el resultado fue bastante ajustado (22 votos). Él no le va a poner las cosas fáciles. Desde que unos años antes ella decidiera desprenderse de su tutela, el veterano político le ha tomado una ojeriza evidente a la diputada. Es un momento complicado para Chacón, que se ve atrapada entre varias fidelidades: al PSC, a sus aspiraciones en el socialismo español y a sus convicciones sobre el futuro de Cataluña. Se ve obligada a elegir entre el padre y la madre. Su decisión no puede convencer a nadie. Finalmente, Chacón no vota. Desacata la disciplina del PSC, que ordenaba el voto favorable, y desobedece la disciplina del PSOE, que mandaba votar no.

La situación es insostenible y Rubalcaba se da cuenta de que es necesario que los socialistas aporten una propuesta sobre el conflicto catalán que no sea ni la del PP ni la del independentismo. Él y Navarro encargan a las fundaciones Alfonso Perales y Rafael Campalans que busquen el punto medio en el que PSOE y PSC puedan sentirse a gusto. Dicho de otra forma, se busca un entendimiento entre el socialismo andaluz y el catalán. El peso de las negociaciones por el lado catalán lo llevan Miquel Iceta, Carme Chacón y Meritxell Batet. Por el andaluz, Carmen Calvo es una de las voces con más protagonismo. También Ramón Jáuregui acabaría teniendo un papel relevante en el documento final. Ambas partes redactan su propia propuesta para ponerla luego en común y, contra todo pronóstico, resulta que el texto andaluz es casi más ambicioso que el catalán. De ahí surge el salto hacia la Declaración de Granada.

Firmada el 6 de julio de 2013 por todos los barones del partido en aquel momento, la Declaración de Granada pretende ser el común denominador entre las diferentes familias socialistas sobre la peliaguda cuestión territorial. En ese momento, cada uno opina lo que le conviene sin defender una posición común. Algunos incluso vienen utilizando de forma interesada la identidad y los supuestos agravios regionales. Titulada *Un nuevo pacto territorial: la España de todos*, propone una reforma constitucional «en sentido federal». Los negociadores debatieron arduamente sobre la elección de los términos *federal* o *nacional* en algunos pasajes, pero se optó por hablar de *nacionalidades* y *regiones*, tal como recoge la Constitución. También discutieron sobre las diferentes modalidades de elección de los miembros del Senado. No se llega a concretar lo que en 1998 ya había aprobado el PSOE en un comité federal sobre la reforma del Senado, cuando se apuntó que esa Cámara no fuera disuelta al mismo tiempo que el Congreso y que fuera de primera lectura en algunas materias de índole autonómica.

La Declaración de Granada incluye una cuestión muy reclamada por el PSC, el principio de ordinalidad en la financiación autonómica, lo que implica que los territorios que más aportan a las arcas del Estado no vean mermada su posición en el *ranking* de recepción de recursos para sus servicios públicos, un problema que el independentismo utiliza profusamente como argumento. El texto defiende además una reforma constitucional que incluya «los hechos diferenciales y las singularidades políticas, institucionales, territoriales y lingüísticas» de las diferentes autonomías. No se reconoce la plurinacionalidad de España, como pedía el PSC, algo que sí llegará en la Declaración de Barcelona, ya con Pedro Sánchez.

En definitiva, en Granada se va más allá que en la declaración que suscribió diez años antes, en 2003, Zapatero, en Santillana, más vaga, en la que solo se habla de la «singularidad y la particularidad» de las comunidades autónomas. Pero el texto de Granada también contiene prevenciones para contentar a todos aquellos que ven al PSC como un apéndice díscolo. Así, se explicita un «no a los privilegios» o se insiste en defender la «solidaridad» entre comunidades, aunque no se critica en ningún momento el concierto vasco. De hecho, ni se cita. En suma, aunque se expresa una cierta profesión federalista, lo cierto es que esta se contempla como una suave evolución del sistema autonómico vigente, al que se propone introducir correcciones.

Las aguas en el PSOE bajan turbulentas. El partido no logra reconectar con su electorado. Los barones territoriales presionan para que se produzca el relevo de Rubalcaba. Quien reclama con más intensidad que se celebre un congreso extraordinario es la andaluza Susana Díaz. El líder socialista tira la toalla y lo convoca para julio de 2014. Antes tiene una misión trascendental: pactar con Rajoy las condiciones de la abdicación de Juan Carlos I. El adelanto del cónclave socialista es una operación diseñada por Díaz para hacerse con el control de Ferraz, sea directamente o por persona interpuesta, con la aquiescencia de buena parte del PSOE clásico. La debilidad de los socialistas en Cataluña no es ajena a esa operación. Sin embargo, nos encontramos ya en un momento en que las fórmulas de toma del poder no funcionan como antes. Podemos está en auge y su lenguaje contra las «castas» hace mella en el resto de la izquierda. Y Susana Díaz representa la política profesional de corte tradicional. Además, la andaluza no gusta demasiado en algunos territorios, entre ellos el del PSC.

Los movimientos en el seno del PSOE se aceleran. Después de haber movido las piezas del tablero, al final Díaz no se atreve a presentarse a las primarias. Prefiere esperar a otro momento más propicio. También Chacón desiste. Quedan el vizcaíno Eduardo Madina y el madrileño Pedro Sánchez. Rubalcaba se empieza a alinear con Madina para restarle poder a la líder andaluza, que no apoya al joven político vasco. Sánchez acude a Barcelona para verse con dirigentes del socialismo catalán y explorar si podría obtener su apoyo. Les pregunta también cómo puede ganarse el apoyo de Díaz y en el PSC le aconsejan que la llame directamente aprovechando que ella no respalda a Madina. Así es como Sánchez, por sorpresa, acaba haciéndose con la victoria y es elegido sucesor de Rubalcaba en julio de 2014.

Cataluña está inmersa en los preparativos para la consulta del 9-N. Pero las preocupaciones del joven secretario general en ese momento son otras. Para él, lo más urgente es restañar heridas en el seno de su partido, lograr la unidad después del trauma de la dimisión de una figura histórica como la de Rubalcaba y de unas primarias conflictivas. Enseguida aprecia Sánchez que el riesgo para su permanencia en el puesto procede de Andalucía. De la propia Susana Díaz, que ha favorecido que él acceda a la cima del PSOE, pero que le ve como una pieza fungible, provisional. La otra misión urgente es taponar la enorme fuga de votantes hacia Podemos, el artefacto surgido a su izquierda que amenaza con «tomar los cielos por asalto». El nuevo secretario general no duda en calificar de populista a Pablo Iglesias.

Cuando a Sánchez le toca poner a prueba su liderazgo presentándose a las elecciones generales, trata de buscar un estilo propio y distintivo, intenta romper esquemas estéticos y sacudirse los complejos que ha ido acumulando su partido. Así, protagoniza un mitin al más puro estilo americano con el telón de fondo de una enorme bandera española con el escudo constitucional que deja estupefactos a los presentes, entre los que se encuentran Rubalcaba, Díaz, Zapatero y Alfonso Guerra. Sánchez reivindica la Transición, en contraposición a Podemos, que la pone en tela de juicio, y hace una somera defensa de la España federal. En las elecciones de diciembre de 2015 cosecha el peor resultado del PSOE en el actual periodo democrático, con veinte escaños menos que su antecesor.

Sánchez se crece en la adversidad. Con esa derrota sin paliativos sobre sus espaldas, reacciona al ataque. «No es no», se convierte en su lema para rechazar la investidura de Mariano Rajoy, en contra del criterio del *establishment* socialista, que apela al sentido de Estado para dar la presidencia al popular con una abstención y evitar una repetición electoral. «No es no», repite con tozudez Sánchez. Rajoy sale elegido con la abstención de todos los diputados socialistas menos quince. En ese punto se rompen algunas de las fidelidades al secretario general, quien más adelante pasaría lista y descabezaría a quienes le dejaron en la estacada.

El «no es no» acaba por desembocar en el famoso, tormentoso, histórico comité federal del 1 de octubre de 2016, cuando se fuerza una dimisión en bloque de buena parte de la dirección del partido para provocar el adiós de Sánchez, que dimite y deja vacante también su escaño horas antes de la investidura de Rajoy. Pero no se rinde. Empieza un periplo en su coche por las agrupaciones locales del PSOE de toda España para presentar su candidatura a las primarias en las que se enfrenta a Susana Díaz y Patxi López. La líder andaluza, que ya ha visto llegado su momento, es quien tiene el apoyo de las figuras totémicas del partido. Sánchez cuenta con apoyos periféricos como el del PSC de Iceta, aunque el astuto dirigente catalán se mueva con pies de plomo por si, como todo parece indicar, la ganadora es Díaz. También en su día Zapatero se benefició del respaldo discreto de los socialistas catalanes cuando se enfrentó en primarias a José Bono, Matilde Fernández y Rosa Díez.

En efecto, el PSC se ha alineado en las primarias con los dos últimos presidentes socialistas, Zapatero y Sánchez. Primero de forma prudente, dado que el resultado de la votación parecía ir por otros derroteros, para no quedarse en la estacada. La estrategia siempre ha sido estar junto al vencedor. Pero de los diferentes contrincantes que se disputaron el liderazgo del PSOE, los socialistas catalanes prefirieron a los dos que ganaron, precisamente más disruptivos frente a otros que contaban con más veteranía y el respaldo de los pesos pesados del partido. Para su ajustada victoria, Zapatero contó con el entusiasta apoyo de Chacón. Y Sánchez tuvo detrás a Iceta.

A las primarias del PSOE, Sánchez se presenta con un programa que defiende la modificación del artículo 2 de la Constitución para definir España como «Estado plurinacional», manteniendo el reconocimiento de que la soberanía reside en el pueblo español. En esa visión no influye solo el PSC, sino también el éxito de Podemos. Sánchez viene observando desde hace tiempo el ascenso irrefrenable del partido de Pablo Iglesias, que se construye a partir de diferentes fuerzas de carácter periférico y que, desde la izquierda, pregona el carácter plurinacional de España. Ve cómo ese discurso, lejos de perjudicar a Podemos, lo beneficia. Y toma buena nota de ello.

El alcalde socialista que hizo de enlace con Junqueras

Sánchez vence en las primarias y en junio de 2017 regresa a la secretaría general del partido. La larga trayectoria política de

Miquel Iceta constituye un asidero valioso para el joven líder del PSOE en un momento complejo. Iceta se dedica a la política desde que fue elegido concejal en Cornellà en 1987, pero también formó parte del gabinete de la Presidencia con Felipe González. Después de la convulsa etapa de Pere Navarro, se pone al frente del PSC, que parece diluirse sin remedio, víctima del debate sobre el «derecho a decidir», que copa todas las discusiones públicas y privadas de la sociedad catalana. Los socialistas catalanes no saben cómo combatir ese discurso, pero Iceta logra mantener a flote el partido gracias a su habilidad para la oratoria, que le permite enfrentarse al independentismo con solvencia retórica. Es un dirigente que ha dejado por escrito de forma extensa sus ideas federalistas, así que goza de soltura a la hora de defender esa posición. Su capacidad de análisis político atrae a Sánchez. El propio presidente explica en su libro de memorias, *Manual de resistencia*, que en algunos momentos llega a telefonear a Iceta a diario para conocer su opinión.

Pero no se apoya solo en Iceta a la hora de definir su posición respecto a Cataluña. En la ejecutiva federal del PSOE están representados varios alcaldes del PSC y Sánchez va a señalar a uno de ellos para que, en secreto, establezca un contacto con ERC. Se trata de Carles Ruiz, alcalde de Viladecans. No le elige porque tenga una especial sensibilidad hacia el independentismo, ni mucho menos. De hecho, Ruiz es un buen exponente del potente sector socialista del Baix Llobregat, cuna de los llamados «capitanes» del PSC en la época de Maragall, cuyo principal exponente fue Montilla. Son los alcaldes de una comarca de fuerte implantación de inmigrantes procedentes de otros puntos de España durante las décadas de 1950 y 1960, que han proporcionado espectaculares mayorías absolutas al socialismo catalán. Incluso hoy en día es el principal bastión del PSC. Carles Ruiz es una de las primeras personas en Cataluña que se ofreció a Sánchez para lo que quisiera desde las primarias en las que se estrenó para ser el secretario general del PSOE. Así que, nada más recibir el encargo, el alcalde de Viladecans se pone en contacto con Junqueras, a quien apenas había visto y saludado en algún que otro acto de ámbito municipal, ya que el republicano fue alcalde de Sant Vicenç dels Horts, en la misma comarca.

La relación se establece con el dirigente republicano así como con su mano derecha, Raül Murcia, conocido en ERC como Mutu. Sánchez considera que no se puede continuar sin abrir un diálogo con el independentismo y el objetivo de Ruiz es entablar una mínima confianza para conseguirlo. En efecto, el alcalde de Viladecans habla en numerosas ocasiones con Junqueras, algunas para tratar de convencerle de que desista de celebrar el referéndum del 1-O. El dirigente republicano le explica los motivos por los cuales no va a impedirlo, aunque sea consciente de que le puede comportar el ingreso en prisión. El mensaje que traslada Ruiz de parte de Sánchez es que no tardará mucho en producirse un relevo en el Gobierno central y que el PSOE tratará de empezar de nuevo la relación con las instituciones catalanas y será posible un diálogo abierto. También por parte de Junqueras —y, una vez que este entró en prisión, a través de su colaborador más estrecho— se hacía llegar el mensaje a Sánchez de que ERC estaba dispuesta a reconducir la situación en Cataluña, rebajar la tensión social y encauzar una negociación. La misión de enlace del alcalde de Viladecans es conocida por Iceta y, como se ha visto, se prolonga durante mucho tiempo, hasta que, con Sánchez ya en la Moncloa, se establecerán nuevos canales con ERC.

Apenas unas semanas después del resurgir de sus cenizas, Sánchez se siente imparable y en julio de 2017 se lanza a firmar con Iceta la llamada Declaración de Barcelona, heredera de la de Granada y, a su vez, de la de Santillana. Se titula *Por el catalanismo y la España federal*, motivada por la urgencia de ofrecer una alternativa al auge independentista y al inmovilismo del PP. Este texto se firma cuando el Govern de la Generalitat ya ha puesto fecha al referéndum del 1 de octubre, para el que quedan menos de dos meses. La declaración prevé el desarrollo de aquellos contenidos del Estatut que fueron enmendados por el Constitucional y que pueden rescatarse mediante cambios legislativos en las Cortes. Incluye una referencia a la financiación en los términos aprobados en Granada (ordinalidad), inversiones, reconocimiento de la lengua, cultura y símbolos de Cataluña y, finalmente, plantea la reforma constitucional para que «reconozca las aspiraciones nacionales» de Cataluña y se forme un verdadero Senado federal. Admiten que esta reforma resulta difícil sin el concurso del PP, pero proponen iniciar cuanto antes en el Congreso los trabajos de una subcomisión para abordarla y tratar de evitar así el choque de trenes. Es la primera visita de Sánchez a Barcelona desde que vuelve a ser secretario general y, con este gesto, pretende dejar claro ante su partido que la línea sobre el modelo territorial ante el independentismo la marca el PSC.

Ese mismo mes de septiembre de 2017, con Cataluña ya inmersa en una tensión creciente, Sánchez se declara partidario de definir España como «una nación de naciones». En una entrevista en TVE, opina que España no es solo un Estado, sino también una nación, pero que podrían tener asimismo esa consideración «al menos» Cataluña, País Vasco y Galicia. Tanto el «Estado plurinacional» como la «nación de naciones» responden en parte al seguimiento que Sánchez hace de la evolución ascendente de Podemos. La conclusión a la que ha llegado es clara: hay una izquierda a la que no le pasa factura el discurso de la plurinacionalidad, al contrario. Y eso ayuda a lidiar con el conflicto catalán sin alinearse con el PP.

En la búsqueda de posibles salidas a la crisis catalana, Sánchez también se adentra en cómo afrontar en el futuro la situación de los dirigentes independentistas que ya están en prisión preventiva. Se declara así partidario de actualizar el delito de rebelión, por el que estaban acusados, e incluso llega a contactar con el entonces ministro de Justicia, Rafael Catalá, para abordar su viabilidad.

Pero los acontecimientos se suceden con rapidez. Y las propuestas de Sánchez decaen ante el curso vertiginoso de los sucesos de octubre de 2017, a partir del referéndum del día 1 y el discurso del rey Felipe VI el día 3. El PSOE iba a presentar una reprobación de Sáenz de Santamaría en el Congreso por las cargas policiales del 1-O, pero la retira, en un gesto que no es ajeno el movimiento de la Casa del Rey. En este momento, Iceta, que había estado pocas semanas antes en la Zarzuela, se entera de que el monarca quiere dirigirse en público a los españoles y hace llegar a los colaboradores de Felipe VI algunas sugerencias para evitar que sus palabras pudieran provocar un cisma aún mayor de la monarquía con Cataluña. Esa solicitud cae en saco roto. El discurso contenta a una parte de la sociedad catalana, pero irrita a la otra. Incluso algunos sectores no independentistas que mantenían buenas relaciones con la monarquía se sienten defraudados por su papel, puesto que esperaban que también incluyera alguna referencia a la necesidad de diálogo por las dos partes.

Del 155 a aliarse con el independentismo

La declaración unilateral de independencia de Puigdemont lleva a Rajoy a aplicar, por primera vez, el artículo 155 de la Constitución. Y lo hace con pleno apoyo de Sánchez. El PSOE, y también el PSC, abandonan todo afán de contemporizar con el independentismo en nombre del diálogo y se sitúan junto a Rajoy a la hora de tomar una medida drástica como es la suspensión de la autonomía catalana. El encarcelamiento por orden judicial de los líderes del *procés*, los pasos para detener al *president* Puigdemont, la tutela de toda la Administración de la Generalitat desde Madrid son hechos que Sánchez no discute en ningún momento. El líder socialista deja claro que lo importante, como partido con sentido de Estado, tiene que ser «poner freno» a los intentos de separación de Cataluña. Al PSC sí que le va a pasar más factura el apoyo al 155, ya que supondrá que, en el futuro, tanto los herederos de Convergència como ERC intentarán aplicar una especie de cordón sanitario en su contra, situando a los socialistas catalanes como enemigos del verdadero autogobierno y fuera del espectro de partidos con los que se puede llegar a acuerdos. Pero no hay mal que por bien no venga y, al mismo tiempo, queda clara la posición del socialismo catalán en el lado constitucionalista y pone las bases de la recuperación del voto fugado hacia Ciudadanos.

El PSOE negocia con el PP los términos de la aplicación del 155. El principal elemento de discusión que ponen encima de la mesa los socialistas es la inconveniencia de suspender las funciones del Parlament *sine die*, de ahí que se asuma solo la disolución de la Cámara para convocar elecciones de manera inmediata. Si no se respeta el Parlament, aduce el PSOE, puede incurrirse en inconstitucionalidad. También los socialistas reclaman que no se intervenga TV3 por su valor simbólico, ya que resulta poco estético defender esa medida de coerción de la libertad de expresión en el contexto europeo. El objetivo de Sánchez es que se envíe a la sociedad catalana el mensaje de que se trata de una situación transitoria que busca devolver la normalidad a las instituciones, no que se quiere arrasar con todo vestigio de autonomía en Cataluña.

Sánchez mantiene inalterable su apoyo a Rajoy en este asunto crucial. Es más, unos meses después, en mayo de 2018, Rivera, que ve cercano el asalto a la Moncloa, trata de erosionar al PP por el flanco catalán. El líder de Ciudadanos amenaza en el Congreso con retirar su apoyo al Gobierno en la aplicación del 155 por considerar que está haciendo una «dejación de funciones» al permitir que en Cataluña se sigan produciendo hechos contrarios a la Constitución, entre los que él incluye la colocación de lazos amarillos para reclamar «el fin de la represión» en edificios institucionales o en lugares públicos. Rajoy le contesta con una frase reveladora: «Le pido que se comporte usted como se está comportando el PSOE en el tema de Cataluña». Y le llama «aprovechategui», que es expresión coloquial en el País Vasco empleada como sinónimo de ventajista. Así que Sánchez acaba por referirse así a la escena: «No necesitamos ni aprovechateguis ni amarrateguis —en fútbol, equipo extremadamente defensivo—, sino sentido común, unidad y responsabilidad».

A pesar del apoyo sin fisuras de Sánchez a la aplicación del 155, su actitud constructiva ante el conflicto catalán que mantuvo en los meses previos a octubre de 2017 va a ser el elemento crucial para hacerse con la presidencia del Gobierno cuando ni siquiera se lo esperaba, en la primavera del 2018. La moción de censura es una opción que hasta ahora el líder del PSOE no ha querido activar porque comporta apoyarse en el independentismo para que salgan los números en el Congreso. Pero la sentencia del caso Gürtel le da la excusa perfecta. Sánchez decide tirarse a la piscina. Cree que puede ganarla, pero si no es así, considera que le proporciona un buen escaparate para enfrentarse al PP desde la tribuna de oradores del Congreso (en este momento no es diputado y eso le resta visibilidad) y ofrecer su alternativa frente a un partido condenado por corrupción. No es esta una cuestión menor, ya que la figura de Albert

Rivera está tan al alza que en Ciudadanos ya se hacen cábalas sobre su inminente llegada a la Moncloa y hasta del reparto de ministerios.

El elemento determinante para ganar la moción de censura es el apoyo del PDeCAT, la antigua Convergència. Sus diputados en el Congreso son, en su mayoría, partidarios de evitar que el independentismo actúe de manera unilateral, como acababa de hacer en octubre, y están convencidos de que la forma de aplacar los ánimos es desplazar a Rajoy de la Moncloa. Topan nada menos que con el líder del partido, Carles Puigdemont, ya instalado en Bélgica después de huir de la justicia española. El planteamiento del *expresident* es mantener las espadas en alto con el Gobierno central y poner a España contra las cuerdas en Europa. Su sucesor al frente de la Generalitat, Quim Torra, pone como condición para apoyar a Sánchez el excarcelamiento de los presos independentistas y un referéndum de autodeterminación. Parece difícil que la moción salga adelante, pero los parlamentarios del PDeCAT Carles Campuzano y Jordi Xuclà, junto con la coordinadora del partido, Marta Pascal, aguantan la presión y en pocas horas Sánchez dispone de su apoyo y de los votos de ERC, PNV, EH Bildu y Podemos. Pablo Iglesias ejerce un papel determinante en la conformación de esa mayoría con sus gestiones. En su discurso defendiendo la censura, el candidato a la presidencia se compromete a rehacer el diálogo con las instituciones catalanas, anuncia que quiere reunirse con Torra y que está dispuesto a revisar parte de la legislación catalana tumbada por el Tribunal Constitucional.

El 31 de mayo de 2018 Sánchez es elegido presidente del Gobierno. Lo consigue gracias al voto de los independentistas, pero no de todos. De aquellos que consideran que es preciso un diálogo, entre ellos los diputados del PDeCAT mencionados. Estos serían empujados más adelante hacia la puerta de salida por Puigdemont y los suyos. También llega con el apoyo de EH Bildu, que, con el objetivo de competir por el poder con el PNV, ha empezado un giro para desvincularse de los años en los que la izquierda *abertzale* estaba ligada a ETA. Los peneuvistas, que acababan de pactar los presupuestos con Rajoy, aprecian que la opinión pública en Euskadi es favorable al relevo y que no pueden quedar atados a un partido, el PP, vinculado a la corrupción en ese momento de manera tan fehaciente y que además mantiene una actitud hostil hacia el independentismo catalán. Y, finalmente, ERC ha comenzado un lento viraje hacia posiciones más posibilistas después del fiasco de octubre.

¿Qué ha pasado en Esquerra? El partido está reorientando su estrategia bajo la batuta de Oriol Junqueras desde la prisión. Lo hace por varios motivos. Primero porque, a diferencia de Puigdemont, el líder republicano cree que no existe apoyo popular suficiente como para mantener el enfrentamiento constante con el Estado español a costa de más encarcelamientos o causas judiciales abiertas. También porque empieza a percibir un cierto cansancio de la sociedad catalana después de tantos años de promesas inminentes sobre el advenimiento de la independencia que han acabado sin ningún fruto. Además, por la falta de un apoyo internacional que permita afrontar un nuevo envite al Estado con posibilidades de éxito. Y, por último, pero no menos importante, porque quiere que su partido empiece a trabajar para conseguir que su estancia en prisión y la del resto de los líderes encarcelados sea lo más corta posible, además de intentar frenar el resto de las causas judiciales pendientes por las que otros dirigentes podrían ser condenados. ERC no pone ninguna condición a Sánchez sobre este último punto para votar la moción de censura, pero el apoyo lleva implícito que el socialista, de llegar a la Moncloa, abrirá una etapa de entendimiento con el independentismo en la que será posible negociar sobre todas estas cuestiones.

Desinflamar con Torra

Ya como presidente del Gobierno, Sánchez se dispone a cumplir algunas de las promesas expresadas durante el debate de la moción de censura. Anuncia que citará al *president* Torra para una entrevista. Empieza a repetirse una palabra: *desinflamar*. En esa línea, afronta el traslado de los presos independentistas a cárceles de Cataluña. Trata de limar asperezas y utiliza un discurso conciliador. El encuentro con Torra en la Moncloa, en julio de 2018, es cordial, aunque no sirve para avanzar en contenidos. Sánchez, consciente de la importancia del momento, se había preparado una voluminosa carpeta con cuestiones pendientes en Cataluña sobre las que se podría negociar, pero Torra no entra en detalles referidos a la gestión, sino que está interesado en el referéndum y la amnistía para los «represaliados». Pese a la falta de concreción, unos meses atrás la situación era tan tensa que la mera reunión y el paseo de ambos por los jardines monclovitas es visto como un salto cualitativo en buena parte de la sociedad catalana.

Esos intentos de distensión van a servir de poco. Torra es un peón de Puigdemont. No es un político, es un activista del independentismo, convencido de que es preciso provocar una gran movilización ciudadana que obligue al Estado a aceptar un referéndum de autodeterminación. Como se verá más adelante, es casi más radical que el propio Puigdemont. Mientras Sánchez prueba las mieles del poder con un viaje relámpago en agosto por Latinoamérica en el que es recibido con honores en diferentes países, le llegan informaciones preocupantes de Cataluña. Aun así, está convencido de que Torra querrá dedicarse sobre todo a gobernar. En este momento, los planes de Sánchez se despliegan en tres tiempos: primero, devolver la normalidad a las relaciones institucionales; segundo, restablecer la confianza entre las dos partes y, tercero, negociar mejoras en el autogobierno catalán. En este sentido, considera que la financiación de la Generalitat podría abordarse sin abrir el melón del cambio de sistema para todas las autonomías, lo que siempre provoca debates enconados entre territorios y requiere de más tiempo. Sánchez no entiende que la gestión autonómica es algo que interesa poco al *president* de la Generalitat. La considera algo transitorio.

En la relación del Gobierno central con Cataluña suele producirse un fenómeno frustrante: cuando uno quiere bailar, el otro no, y viceversa. Es decir, cuando en la Moncloa están dispuestos a abordar una reivindicación de Cataluña, en el Palau hay alguien que ha puesto el listón mucho más alto. En cambio, cuando está al frente de la Generalitat un *president* más posibilista, resulta que en la Moncloa no tienen intención de abrir ningún melón que pueda ser interpretado en el resto de España como un trato de favor a Cataluña. Un bucle endiablado.

Ya se empieza a hablar de un «otoño caliente» cuyo pistoletazo de salida será una conferencia del *president* a principios de septiembre. A Sánchez le inquieta el contenido de ese discurso, ya que los rumores apuntan a que Torra planteará que, si no se acepta un referéndum, intentará de nuevo la unilateralidad. ERC, socio minoritario del Govern, interviene para tratar de rebajar ese texto que el *president* ha pactado con Puigdemont. Al final, la conferencia se queda en llamar a una «movilización permanente» de la sociedad catalana hasta la apertura de juicio oral a los líderes del *procés*, que en ese momento se apunta para noviembre. Se trata de aprovechar las numerosas conmemoraciones de ese periodo para el independentismo, empezando por el Onze de Setembre y pasando por el aniversario de la votación del 1 de octubre, del discurso del rey y de la declaración de independencia, para recuperar el pulso en la calle.

Torra bautiza el clímax de ese desbordamiento social cuya espita ve en la sentencia del Supremo sobre los líderes encarcelados como el *momentum*. Desde la Moncloa se perciben con preocupación ese tipo de proclamas. Si la distensión se tuerce y se vuelve al escenario de enfrentamiento institucional, todo habrá sido en vano. El presidente aparecería como un líder al que los independentistas trataron de engañar y difícilmente podría ganar unas elecciones generales en ese contexto. Sánchez ha designado a Carmen Calvo, su vicepresidenta, como la persona que deberá mantener las relaciones institucionales con la Generalitat. Uno de los objetivos es que la famosa desinflamación favorezca que unos doscientos cincuenta mil votos que en las elecciones de diciembre de 2017 optaron por la independencia, en buena parte movidos por la reacción al encarcelamiento de líderes políticos y a las cargas policiales del 1-O, dejen de hacerlo si ven otra actitud por parte del Gobierno español.

Calvo mantiene una interlocución fluida con Elsa Artadi, mano derecha de Puigdemont durante su presidencia, que ha permanecido durante toda la aplicación del 155 en su puesto en la Generalitat como coordinadora de los diferentes departamentos e interlocutora principal con el enviado del Gobierno para gestionar la intervención, Roberto Bermúdez de Castro. Por parte de ERC, en ese grupo de coordinación con Calvo que comparte un chat de WhatsApp figura Pere Aragonès, número dos de Junqueras en el departamento de Economía. La vicepresidenta socialista, de larga trayectoria política, gusta de dar consejos a los dos jóvenes políticos independentistas, a los que intenta ganarse también mediante el trato personal constante. Al principio la relación es cordial, pero poco a poco la parte independentista empieza a recelar de la vicepresidenta, que consideran que actúa a veces por su cuenta o que no tiene suficiente poder dentro del entramado de la Moncloa, y más adelante se abrirá otra vía de entendimiento entre Iván Redondo —jefe de gabinete del presidente—, Raül Murcia —la persona de confianza de Junqueras— y Josep Rius —mano derecha de Puigdemont.

El otoño acaba siendo menos caliente de lo pregonado. Aunque se producen algunos episodios que revelan el fuerte activismo de Torra. Con motivo del aniversario del 1-O, el *president* apela a los catalanes a reactivar el proceso independentista aprovechando el inicio del juicio. En un momento de exaltación, se dirige a los Comités de Defensa de la República (CDR), células creadas para extender la desobediencia civil como presión para lograr un referéndum, y los anima de esta forma: «*Apreteu, i feu bé d'apretar*». Estos grupos han cortado carreteras y han plantado barricadas durante el día. Por la tarde, unas ciento ochenta mil personas se manifiestan en Barcelona movilizadas sobre todo por la ANC. Cuando la manifestación está a punto de acabar, unos centenares se concentran ante la sede de la Policía Nacional en Vía Laietana y causan disturbios. En el Parc de la Ciutadella, donde el Govern tiene prevista su propia conmemoración del 1-O, los Mossos discuten con el *president* sobre las medidas de seguridad, que Torra quiere relajar. Empieza el choque entre el *president* de la Generalitat y su cuerpo policial, que más adelante alcanzaría cuotas muy altas. Ya por la noche se produce un intento de asalto al edificio del Parlament por parte de algunos encapuchados. El presidente de la Cámara, Roger Torrent, sale por una puerta trasera en dirección a TV3, donde tiene una entrevista. Un helicóptero de los Mossos sobrevuela a muy baja altura y logra dispersar a los alborotadores a tiempo de impedir que tomen el edificio.

Pese a estos disturbios, Sánchez mantiene la mano tendida. Su línea de actuación se centra en distender en lo posible el frente judicial. El Gobierno trata de que la Abogacía del Estado rebaje la solicitud de penas para los políticos que se van a sentar en el banquillo acusados de rebelión. Las resistencias internas provocan que Sánchez decida un relevo en los servicios jurídicos del Estado para lograr que, finalmente, la Abogacía acuse por sedición y no por rebelión. Esa presión provoca la salida de Edmundo Bal de ese departamento. El presidente recuerda incluso en el Congreso que el exministro del PP Federico Trillo defendió en su día que el delito de rebelión exigía órdenes militares. Pocos días después, también en sede parlamentaria, el líder del PP, Pablo Casado, le acusa de ser un golpista. Aunque la Abogacía haya rebajado su petición a costa de un notable escándalo político, la Fiscalía mantiene la rebelión y pide entre diecisiete y veinticinco años de cárcel para los acusados.

Los acontecimientos de este otoño de 2018 en Cataluña tienen consecuencias en Andalucía. Sánchez ha ofrecido a Susana Díaz hacer coincidir las elecciones andaluzas con las generales, pero la lideresa prefiere precisamente desvincularse al máximo del presidente por considerar que su política de diálogo con los independentistas puede perjudicarla. Durante la campaña, Díaz elude en todo momento referirse a Cataluña, a pesar de que los avatares informativos ponen el foco en esta comunidad. La jugada le sale mal y finalmente tendrá que abandonar la presidencia de la Junta. Acaban así treinta y siete años de dominio socialista en Andalucía. Pero lo más relevante es la influencia que los disturbios de Cataluña tienen en el resultado de Vox en el sur. La ultraderecha, abanderada del discurso nacionalista español frente a quienes tratan de fracturar la patria, entra por primera vez en el Parlamento de esa comunidad. Es cierto que ya estuvo a punto de obtener representación antes, en las europeas, pero su salto a la arena institucional se produce en este momento en Andalucía.

El diálogo emprendido por Sánchez avanza a trompicones. Pronto el presidente se da cuenta de que entenderse con Torra le va a resultar imposible. A pesar de los modales afables, el *president* de la Generalitat no tiene intención de hablar de nada que no sea el final de las causas judiciales contra el independentismo y la celebración de un referéndum. El socialista tiene la impresión de estar conversando con una pared, así que trata de ganar tiempo sin romper el periodo de relativa calma que se ha abierto con su llegada a la Moncloa. El segundo encuentro entre ambos se decide que se celebrará en Barcelona y tiene lugar el 20 de diciembre de 2018 en el palacio de Pedralbes. Los equipos de ambas delegaciones pactan toda la escenografía. De hecho, la reunión se celebra en Pedralbes como sitio neutral y para que Sánchez no tenga que atravesar la puerta del Palau de la Generalitat bajo el cartel que colocó Torra con un lema que denuncia la «represión» de los «presos políticos».

La anécdota del encuentro evidencia la extrema suspicacia entre las dos partes. Los equipos de ambos presidentes se enzarzan en un baile de maceteros con poinsettias, la planta que se suele utilizar para las decoraciones navideñas. La delegación de la Generalitat retira las de color rojo y deja solo las amarillas, el color que simboliza su reivindicación de libertad para los líderes presos. Los de la Moncloa, perplejos, se dan cuenta y cuelan alguna de color rojo, que es como finalmente se ve en las fotos de la reunión. Al regresar, comentan con estupor lo que llaman «la operación Tiesto». Pero hasta el último detalle levanta reticencias. En la sala contigua a la del encuentro entre Sánchez y Torra, se ven sus colaboradores. Finalizada la entrevista, todos ellos se reúnen y se disponen a fotografiar la escena. Mientras los independentistas quieren que se haga sentados, como dos delegaciones frente a frente que hablan de tú a tú, el equipo de Sánchez se niega y fuerza una instantánea de pie, informal.

El contenido de la cita se plasma en un comunicado que se viene pergeñando desde hace días. Llegan a circular hasta ocho versiones del texto, que se perfila en sus detalles finales mientras los dos presidentes están aún reunidos. La declaración de Pedralbes reconoce por primera vez por escrito «la existencia de un conflicto sobre el futuro de Cataluña». En ella, se apuesta por un «diálogo efectivo» para elaborar una «propuesta política que cuente con un amplio apoyo de la sociedad catalana». Además, las dos partes se emplazan al diálogo para «avanzar en una respuesta democrática a las demandas de la ciudadanía de Cataluña en el marco de la seguridad jurídica». Esta última referencia se introduce a petición del Gobierno central, que trata de anclar así lo que se acuerde en el marco constitucional. Pese a la ambigüedad de ese punto de partida, Sánchez recibe andanadas de la derecha política y mediática por entregarse a las exigencias del independentismo. Incluso se considera el hecho de que Sánchez acuda a Pedralbes a verse con Torra como una humillación al Estado. La declaración de Pedralbes da cobertura a la mesa de diálogo entre los gobiernos central y catalán.

Al día siguiente, 21 de diciembre, el presidente reúne a su Consejo de Ministros en Barcelona, en la Llotja de Mar, edificio que simboliza el empuje económico de la ciudad, que ha sido bunkerizado por las fuerzas de seguridad, ya que miles de manifestantes independentistas intentan llegar lo más cerca posible para expresar su rechazo a la presencia del presidente español. Desde primera hora de la mañana se han sucedido las protestas en contra organizadas por los CDR. Se producen algunas cargas policiales y la detención de una docena de manifestantes. El despliegue de agentes de la Policía nacional y de los Mossos d'Esquadra, coordinados al milímetro en esta ocasión, hace que las protestas no puedan acercarse a la Llotja, ya que se establece un perímetro muy amplio en el que prácticamente es imposible entrar. Desde dentro del inmueble, sin embargo, Sánchez puede escuchar los gritos de los manifestantes y el zumbar constante de los helicópteros policiales. Se producen trece detenciones.

En este momento, el presidente está convencido de que los indultos a los líderes del *procés* encarcelados es la mejor vía para contribuir a distender la situación en Cataluña. Ya hace tiempo que le da vueltas. Lo ha hablado muchas veces con Iceta, quien incluso lo llegó a verbalizar durante la campaña electoral catalana de diciembre del 2017, cosa que le reprocharon sus compañeros de partido, puesto que en aquel momento supuso un desplazamiento de votos del PSC a Ciudadanos. Sánchez sigue pensando en los indultos, pero primero tiene que pasar el juicio. Poco más se puede hacer a la espera de que los magistrados hagan el trabajo que les ha caído encima.

El juicio va a empezar el 12 de febrero de 2019. Mientras, Sánchez continúa con su agenda de desinflamación del conflicto y de acercamiento a la sociedad catalana, que intuye cansada de tanto enfrentamiento político, y unos días antes de la vista, el 6 de febrero, se reúne con Torra en la sede del Gobierno catalán. Como ya ocurriera en Pedralbes, de nuevo la escenografía va a ser motivo de discordia. Iván Redondo, jefe de gabinete del presidente, acude días antes a Barcelona para pactar los detalles con su homólogo en la Generalitat, Pere Cardús. Cada paso se estudia minuciosamente. El principal objetivo de Redondo es conseguir que Sánchez, al acabar el encuentro, ofrezca una rueda de prensa en el mismo lugar donde los presidentes de la Generalitat suelen hacer sus comparecencias solemnes, es decir, junto a la puerta del despacho presidencial, en la galería gótica del Palau. Pero Cardús insiste en que se haga abajo, en el patio que hay a la entrada del edificio. Redondo busca la imagen de Sánchez en el mismo lugar donde se ha visto a Puigdemont en los momentos históricos de los últimos años. La idea es dejar claro que la Generalitat forma parte del Estado y que el presidente del Gobierno, en el Palau, está también en su casa. Finalmente se sale con la suya.

La visita de un jefe del Ejecutivo español a la sede de la Generalitat es siempre un acontecimiento político. No es algo que se produzca con asiduidad. Adolfo Suárez fue al día siguiente del retorno de Tarradellas en 1977. Felipe González acudió a verse con Jordi Pujol en 1988. Zapatero lo hizo tres veces, dos con Maragall y una con Montilla. Y ahora Sánchez repite el gesto en un momento muy delicado de las relaciones con Cataluña. Torra también aprovecha para desplegar una abundancia de gestos. Por ejemplo, el presidente del Gobierno tiene que atravesar la puerta principal del Palau bajo la pancarta colgada que ahora reza: «Libertad de opinión y expresión». El dirigente catalán la había colgado para sustituir a la que hacía referencia a los presos y que más adelante sería el motivo de su inhabilitación al negarse a retirarla en campaña electoral. El recibimiento incluye honores por parte de los Mossos d'Esquadra vestidos de gala. Quienes esperaban algún desplante —como algunos en la Moncloa— no entienden el punto de vista del independentismo. El objetivo de Torra es dar a Sánchez un tratamiento de visita de Estado. De un Estado a otro.

Un día antes del encuentro entre los dos presidentes, estalla la polémica sobre el funcionamiento de la mesa de diálogo que se ha puesto en marcha en Pedralbes. Los independentistas reclaman la figura de un relator, a ser posible una personalidad internacional que medie entre las dos partes y que, sobre todo, garantice que los acuerdos se cumplirán. Y la vicepresidenta ha admitido en público que el Gobierno podría aceptar esa condición. Carmen Calvo ha puntualizado que no se trata de un «mediador» y que no tiene por qué ser extranjero. En su opinión, un relator solo es alguien que pueda convocar las reuniones, coordinar las agendas y «tomar notas», teniendo en cuenta que participan varios partidos en las conversaciones (PSOE, PSC, Junts y ERC).

Pero Sánchez no tiene ninguna intención de acceder a esa petición de los independentistas. De hecho, según fuentes de la Moncloa, el presidente no entendió muy bien qué quiso decirle Carmen Calvo cuando le comunicó el asunto y no le dio importancia, hasta que cayó en la cuenta de qué se trataba. En ningún caso estaba dispuesto a poner en manos de una persona independiente el funcionamiento de la mesa de diálogo, ya que podía dar la impresión de que se trata de una negociación entre el Estado español y la Generalitat como dos entes jurídicos y políticos equiparables. Finalmente, Sánchez acaba saliendo más o menos indemne de la entrevista con Torra.

El inicio del juicio tiene un efecto inmediato sobre la política española. Para empezar, el presidente no cuenta con apoyo suficiente para aprobar sus primeros Presupuestos Generales del Estado porque ERC no está en disposición de darle sus votos mientras sus líderes están sentados en el banquillo. Por su parte, el PP y Ciudadanos, que se hallan inmersos en una competición descarnada con Vox, suben el diapasón contra el independentismo. Para tratar de aprobar las cuentas, Sánchez promete 2.400 millones más de inversión en Cataluña. De haberse cumplido, habría supuesto un salto notable en la disponibilidad de recursos para infraestructuras en esta comunidad. Pero ERC no puede aceptarlo.

La negativa de los republicanos a apoyar estos primeros presupuestos lleva a la convocatoria electoral del 28 de abril de 2019. Ese factor se une a la foto de las tres derechas juntas (PP, Ciudadanos y Vox) en la plaza de Colón, la imagen que muestra la feroz competencia entre esos partidos por el voto de los españoles que censuran el acercamiento del Gobierno al independentismo. Tal es el ruido mediático contra esa estrategia que, en los días previos, parece que esa manifestación va a ser multitudinaria. Al final no es así, pero proporciona una fotografía del PP y Ciudadanos junto a la ultraderecha que Sánchez decide aprovechar.

La campaña es un reflejo nítido de cómo la situación en Cataluña marca la política española. El PP sitúa a Cayetana Álvarez de Toledo, azote del nacionalismo, como cabeza de lista por Barcelona. La candidata acude a la Universitat Autònoma (UAB), donde se producen incidentes para impedir su intervención por parte de grupos de estudiantes independentistas. Rivera va a Errenteria, donde también es acosado por sectores *abertzales*. Pablo Casado, líder del PP, lanza durísimas acusaciones a Sánchez. Equipara el respaldo de EH Bildu a la moción de censura a un apoyo del terrorismo etarra y asegura que el presidente prefiere «las manos manchadas de sangre a las manos pintadas de blanco», en referencia al gesto que en su día se empleó para protestar contra el secuestro y asesinato del concejal popular Miguel Ángel Blanco. Durante los debates televisivos, Sánchez es acusado de pactar con el independentismo su apoyo a cambio de los indultos a los presos del *procés*. «Falso es falso. No es no», insiste el socialista. Mientras, Oriol Junqueras y Jordi Sànchez hacen campaña por videoconferencia desde la cárcel de Lledoners en favor de ERC y de Junts per Catalunya. En sus intervenciones subrayan las condiciones que pondrán al candidato del PSOE para darle su respaldo parlamentario.

Podría decirse que esta es una campaña bastante inédita para la izquierda. El PSOE no reniega de la nueva fe de su líder en el Estado plurinacional. Pero el candidato no se atreve a defender los indultos en público, aunque sí lo hace en privado. Sin cámaras ni micrófonos delante, Sánchez justifica el adelanto electoral en la necesidad de disponer de un Gobierno más fuerte, con unos presupuestos aprobados y el refrendo de las urnas, para afrontar así con más garantías el perdón a los presos del *procés* cuando sean condenados. Pero cada vez que es preguntado por los indultos en los medios de comunicación, elude la respuesta. Ni sí ni no. Aunque esa sea una forma indirecta de asumir que la aprobación de la medida de gracia entra dentro de lo posible. Se escabulle y se aferra al discurso sobre el diálogo y la reconciliación en Cataluña.

En esta campaña de abril de 2019, Podemos, que surgió con la idea de la impugnación del sistema nacido de la Transición, se presenta ahora con la Constitución de 1978 como arma electoral. Iglesias la esgrime físicamente en los mítines, leyendo incluso algunos de sus artículos, para reivindicar mejoras sociales. El resultado es bastante bueno para los socialistas, aunque es evidente que la época de las mayorías absolutas ya no va a regresar. El PSOE obtiene 7,5 millones de votos y 123 diputados, mientras que UP recaba 3,7 millones y 42 diputados. La derecha se sume en la fragmentación. El PP recibe 4,3 millones de votos y 66 diputados, con Ciudadanos pisándole los talones con 4,1 millones y 57 escaños. Y Vox irrumpe con 2,6 millones de sufragios y 24 escaños.

El proceso para formar Gobierno se complica. Sánchez lo intenta con Ciudadanos, sin éxito. En buena parte, la falta de sintonía personal con Rivera es la causa de ese fracaso. Pasado el tiempo, Rivera está convencido de que levantarle el veto al «sanchismo» para negociar un posible Ejecutivo de coalición fue el origen de su hundimiento. Tampoco fructifica la negociación con Podemos. En este caso, el motivo principal es la oposición de algunos miembros destacados del PSOE, como Carmen Calvo o Adriana Lastra, que aconsejan a Sánchez que apueste por la repetición electoral. En el Partido Socialista existe una fuerte animadversión por un Podemos que ha hecho bandera de la crítica ácida al socialismo español, que presenta poco menos que como traidor a la izquierda y entregado a los poderes económicos.

Eso significa que el Gobierno de España está en funciones cuando llega la sentencia del Tribunal Supremo sobre el *procés*, el 14 de octubre de 2019. Nada más conocerse la decisión de los jueces, el presidente comparece formalmente en la Moncloa y rechaza la posibilidad de indultos. «Todos los ciudadanos somos iguales ante la ley, nadie está por encima de la ley, y todos estamos obligados a su cumplimiento», subraya. Y, por si hubiera alguna duda, insiste: «El acatamiento de la sentencia significa su cumplimiento. Reitero, significa su íntegro cumplimiento». Días después, en una entrevista televisiva, niega que la posibilidad de los indultos esté «encima de la mesa».

Sánchez casi sucumbe ante el Tsunami

La condena por sedición va desde los nueve hasta los trece años de cárcel para los dirigentes encarcelados. Las protestas se extienden por casi toda Cataluña. Las calles de Barcelona se incendian. Barricadas en los cruces del Eixample, enfrentamientos muy violentos con los Mossos. Las imágenes son replicadas por medios de comunicación internacionales. Para Sánchez, es el momento más inquietante desde que llegó a la Moncloa en relación con la situación de Cataluña. Las voces para que aplique el artículo 155 o que, al menos, tome el control de los Mossos, son cada vez más apremiantes. A pesar de que la policía autonómica está actuando con contundencia contra los alborotadores, lo que abre una crisis entre Torra y su *conseller* de Interior, Miquel Buch.

Sánchez trata de aguantar. Hay un momento, en ese octubre de 2019, en que avisa en público de que ha hecho las consultas jurídicas oportunas y que está en condiciones de anunciar que puede aplicar el 155 pese a que el Gobierno esté en funciones. Esa no es la voluntad, pero lo cierto es que el presidente está preocupado. Si la calma no regresa pronto a las calles, la tarea de desinflamación, todo su relato desde que accedió a la presidencia, se va al garete.

Los informativos arrojan imágenes muy alarmantes de los disturbios que están ocurriendo en Barcelona. Por la noche, Sánchez intercambia mensajes con Carmen Calvo mientras ambos ven las noticias, el presidente desde su residencia oficial y la vicepresidenta en el edificio del complejo de la Moncloa al que también se ha trasladado a vivir y que más adelante, durante la pandemia, ocuparía el ministro Salvador Illa. Sánchez comparte con Calvo su inquietud ante los acontecimientos y ambos se conjuran para resistir como sea y esperar a que la tensión en las calles de Barcelona disminuya sin tomar decisiones políticas que puedan entorpecer la vía abierta en favor del diálogo. Es el momento crítico en el que toda la estrategia desplegada por Sánchez se la juega. Si el presidente hubiera cedido a la presión en esos días y se hubiera decidido por algún tipo de intervención sobre la autonomía catalana, habría sido imposible afrontar la posibilidad de los indultos. Y el apoyo parlamentario del independentismo se habría desvanecido.

Una parte de la reacción a la sentencia es espontánea, pero otra se ha preparado desde tiempo atrás. Está dirigida y controlada por los partidos y las entidades independentistas, que crean el llamado Tsunami Democràtic, a cuyo frente, en el plano estratégico, se sitúan personas que ya estuvieron en lo que se denominó el Estat Major del *procés*. En aquel núcleo que planificó la hoja de ruta del último año antes del 1-O figuraban desde dirigentes de la órbita convergente, como David Madí, hasta otros cercanos a ERC como Xavier Vendrell. Ambos ocuparon cargos en su día en la Generalitat. Ahora se dedican a los negocios privados, pero sin dejar de picar a las puertas del sector público. Varios *consellers* y altos cargos relatan haber recibido sus llamadas requiriendo información en favor de alguna contratación pública u ofreciendo sus servicios.

La puesta en marcha del Tsunami Democràtic parte de una reunión en Suiza de los dirigentes de los tres partidos y de las entidades independentistas para dirigir la movilización contra la sentencia. Las dos grandes formaciones temen perder el control de las masas en favor de los CDR, que se sitúan más bien en el entorno de la CUP y, a veces, actúan sin tutela política alguna. El Tsunami aparece por primera vez en las redes sociales a principios de septiembre, cuando ya se rumorea que la sentencia del *procés* está a punto de hacerse pública. Se pide a los seguidores del independentismo que se descarguen una aplicación en su móvil a través de la cual recibirán instrucciones para coordinar la respuesta en la calle. Una *app* que, por cierto, permite conocer los movimientos de quienes la instalan en sus teléfonos gracias a la geolocalización.

El Tsunami Democràtic sigue el mismo esquema que se aplicó para la organización del 1-O y la distribución clandestina de las urnas. Un grupo dirigente que decide y multitud de intermediarios repartidos sobre el terreno para movilizar a las masas, además de expertos en nuevas tecnologías que permiten canalizar las instrucciones de manera rápida y sin que sean interceptadas. No hay líderes que den la cara ni portavoces, porque, de hecho, de esa labor ya se ocupan los políticos y los representantes de las entidades independentistas, aunque estos desconozcan cuáles van a ser los siguientes pasos del Tsunami, para evitar filtraciones. Se trata de organizar una acción de desobediencia civil desplazando a masas de personas en diferentes puntos y sin recurrir a la violencia. La inspiración es el movimiento de protesta de Hong Kong contra el régimen chino.

La principal actuación se produce el mismo 14 de octubre, cuando se conoce el fallo judicial. El Tsunami da la orden de acudir al aeropuerto de El Prat. Para burlar los controles, distribuyen falsas tarjetas de embarque que permiten a los activistas colarse más allá de las zonas de acceso libre. La acción obliga a cancelar más de un centenar de vuelos. Los agentes que tratan de desalojar a los ocupantes están desbordados y, cuando parece que la situación se va a ir de las manos, con la posible irrupción en las pistas, hacia las 20:45 horas, el Tsunami desconvoca esa protesta. «Damos la acción por finalizada con éxito y los objetivos alcanzados. Y mañana lo volveremos a hacer anunciando un nuevo reto», anuncia la organización. «Terminaremos sabiendo quién está detrás», asegura el ministro del Interior, Fernando Grande-Marlaska. No va a ser tan fácil.

Que la sentencia del Supremo se haga pública a pocas semanas de unas elecciones generales sabiendo que estas se celebrarían el 10 de noviembre es algo muy inusual en el comportamiento del alto tribunal, que suele eludir cualquier actuación que se interprete como una injerencia en los procesos políticos. En su descargo hay que señalar que la incapacidad de los partidos para llegar a acuerdos ha llevado a un largo periodo de interinidad y a una repetición electoral que hacía difícil cualquier movimiento sin adentrarse en un periodo sin urnas a la vista. Aun así, en el PSOE existe el convencimiento de que el calendario elegido en el Supremo no es inocente. Sea o no intencionado, tiene su efecto en los resultados de Vox. La ultraderecha nacionalista española pasa de veinticuatro a cincuenta y dos escaños, convirtiéndose en la tercera fuerza en el Congreso. En solo nueve meses. A costa, en buena parte, del impresionante batacazo de Ciudadanos, que pasa de cincuenta y siete a diez diputados, llevándose por delante el liderazgo de Rivera.

La campaña de estas elecciones de finales de 2019 también es diferente de la protagonizada por Sánchez solo siete meses antes, en una nueva demostración de la capacidad del líder socialista para mutar de piel conforme a las circunstancias. Los acontecimientos ocurridos en Cataluña, con los altercados callejeros aún en la retina de los españoles, marcan los mensajes políticos, que también se centran en las líneas rojas que cada partido marca para llegar a gobernar con otros. Desde la cita electoral de abril, el líder del PSOE rehúye el conflicto catalán. Nada de propuestas de soluciones. Es más, puede decirse que da un giro de ciento ochenta grados. En uno de los debates televisivos, propone un cambio del Código Penal, no para revisar la rebelión y plantear penas más bajas, sino para volver a tipificar como delito la celebración de referéndums ilegales como el del 1-O. Y, de indultos, ni hablar.

El objetivo es hacerse con el máximo de votos de Ciudadanos, que está en caída libre según las encuestas. Por un lado, los naranjas se ven acosados por Vox en la competición por ver quién es más duro contra el independentismo. Ese electorado, además, le reprocha a Rivera que llegara a plantearse un pacto con Sánchez. Por otro lado, en Cataluña, el PSC recupera con fuerza a los electores que en su día se fugaron a Ciudadanos y entre quienes cala el mensaje de pasar página al *procés* y de tratar de restañar las heridas sentimentales de los últimos años, si es necesario con el perdón a los presos, aunque dejando claro que no se permitirá ningún referéndum de autodeterminación. El candidato Sánchez acude cuatro veces a Cataluña durante la campaña para asentar ese trasvase de votos de Ciudadanos en dirección a los socialistas y en sus discursos es muy crítico con el independentismo.

El resultado electoral no es el esperado cuando se apostó por la repetición. El PSOE baja a ciento veinte escaños (6,7 millones de votos), y eso lleva a Sánchez a la casilla de salida, es decir, a un pacto de coalición. Esta vez ni siquiera puede disponer de Ciudadanos, ya que sus escasos diputados no son suficientes para formar una mayoría. Los naranjas se quedan con diez escaños. También baja UP a treinta y cinco diputados. La misma noche electoral, Sánchez comunica a su núcleo de la Moncloa, con Félix Bolaños, secretario de Presidencia, e Iván Redondo, su jefe de gabinete, a la cabeza, que hay que entenderse con UP. Redondo llama a Pablo Gentili, estrecho colaborador de Pablo Iglesias. En dos días está listo un acuerdo con UP que Sánchez firma con Iglesias en un acto público y que da lugar al primer Gobierno de coalición progresista en la reciente democracia española. El líder de la izquierda radical se convierte en vicepresidente. La investidura de Sánchez es factible, de nuevo, gracias a la abstención de ERC. Esta vez, el heredero de Convergència, Junts per Catalunya, después de la purga impulsada por Puigdemont en el partido, vota en contra.

Para obtener esa abstención de ERC ha sido necesaria toda una escenificación. Oriol Junqueras, desde la cárcel, dirige el viraje de su partido hacia la colaboración con el Gobierno central. La posibilidad de los indultos está en el trasfondo de esa decisión, además del convencimiento de que el intento de culminar la independencia ha fracasado y es preciso rearmar el movimiento de cara al futuro. Pero no le resulta fácil. Ni en su propio partido ni entre el electorado que ERC se disputa con Junts. Son necesarias seis reuniones de los equipos negociadores socialista y republicano para desbloquear la investidura. Sánchez había sido duro con ERC durante la campaña, dentro de la estrategia puesta en marcha para recuperar votos de Ciudadanos, pero Junqueras decide negociar.

Aunque los indultos planean durante esos días, los republicanos no los ponen como condición expresa para apoyar la investidura. Es más, argumentan que esa es una medida que está en la mano del presidente si lo considera oportuno, que afecta a personas individuales que están en la cárcel, pero que no sirve para afrontar el conflicto político de fondo. ERC insiste en que lo importante para desbloquear la investidura es un acuerdo sobre el funcionamiento de la mesa de diálogo.

El pacto se encarrila formalmente a partir de un encuentro entre Sánchez y Pere Aragonès, en este momento *vicepresident* de la Generalitat que preside Torra. Desde antes de su ingreso en prisión, Junqueras anuncia a Aragonès que, en ausencia suya y de su número dos, Marta Rovira, él será quien tendrá que llevar las riendas del partido. La elección de Aragonès deja a las claras el afán de Junqueras por convertir un partido como ERC, caracterizado por su radicalidad, su falta de disciplina e imprevisibilidad, en una fuerza política central en Cataluña, al estilo de lo que un día fue Convergència, que aglutinó el apoyo de las clases medias. Aragonès ha sido su número dos en la Conselleria d'Economia, a su cargo ha estado la elaboración de los presupuestos y la relación con los sectores financieros y productivos. Criado en las juventudes de ERC, Aragonès (Pineda de Mar, 1982) es un político joven, pero con experiencia de gestión, hijo de un empresario. Habría podido ser perfectamente un votante de Pujol de haber nacido un par de décadas antes.

Las dos figuras clave de la negociación son Josep Maria Jové por ERC y Adriana Lastra por el PSOE, junto con Salvador Illa por el PSC, que participa por decisión directa de Sánchez. Para ligar la investidura, los socialistas van a tener que ir más allá de la oferta de desarrollo del Estatut y de reforma de la financiación, que es lo que han mantenido durante la campaña electoral. Se apuesta así por la mesa de diálogo sobre el conflicto político, que trabajará al margen de las reuniones de la comisión bilateral Estado-Generalitat, donde se abordan cuestiones competenciales. Las conclusiones a las que se llegue en esa mesa serán votadas en un referéndum en Cataluña.

En concreto, el acuerdo apuesta por abrir «una nueva etapa basada en el diálogo efectivo, abierto y sincero, y apostar por el reconocimiento y entendimiento institucional». Se crea «una mesa de diálogo, negociación y acuerdo entre Gobiernos» que actuará «sin más límites que el respeto a los instrumentos y a los principios que rigen el ordenamiento jurídico democrático» y, en ella, las dos partes «aportarán con libertad de contenidos sus propuestas detalladas sobre el futuro de Cataluña». En ese espacio se deberán buscar «acuerdos que cuenten con un apoyo amplio de la sociedad catalana» y ambas partes se comprometen a que lo pactado se someterá «a validación democrática a través de consulta a la ciudadanía de Cataluña, de acuerdo con los mecanismos previstos o que puedan preverse en el marco del sistema jurídico político».

Una vez más, el redactado de un pacto permite a las dos partes interpretar lo conseguido según su conveniencia. O, al menos, poner el énfasis allí donde lo consideran oportuno. Para el PSOE, el acuerdo obliga a ERC a trabajar por un retorno a la normalización de las relaciones institucionales, lo que garantiza a su vez una mayor tranquilidad política y social. En estos inicios del diálogo, Sánchez tiene en mente que se podría llegar a negociar una recuperación de aspectos del Estatut que fueron laminados por el Constitucional a través de modificaciones legales en el Congreso, además de abordar mejoras en la financiación autonómica y en las inversiones. Cuenta por delante con cuatro años de mandato para desarrollarlo. En cuanto al referéndum, los socialistas opinan que el riesgo de que se considere que el pacto incluye una consulta sobre la independencia está conjurado, ya que solo se votará aquello que sea acordado previamente entre los dos Gobiernos, y el de Sánchez no piensa ir más allá del actual marco constitucional. Es decir, la posibilidad de una consulta, desde la perspectiva de la Moncloa, es remotísima. Solo podría darse en caso de que ERC estuviera dispuesta a embarcarse en una reforma del Estatut, cosa harto improbable.

Para los republicanos, en cambio, el pacto supone la admisión del Gobierno de España de que existe un conflicto de naturaleza política en Cataluña y el reconocimiento de que la solución pasa por una consulta a los catalanes. ERC también subraya que se admita que en esa mesa se pueden plantear las iniciativas que se consideren oportunas sin ninguna limitación, es decir, que ellos puedan proponer la amnistía de todos los encausados en relación con el *procés* y el referéndum de independencia. Pero donde Sánchez ve una posible votación sobre el autogobierno, ERC vislumbra un referéndum de autodeterminación.

No es que los republicanos crean que unas cuantas reuniones de la mesa de diálogo darán como resultado la amnistía y la consulta sobre la independencia, pero sí esperan que, como mínimo, el Gobierno se comprometa a actuar a través de la Fiscalía para rebajar las peticiones de penas de los diferentes juicios aún pendientes por el *procés* y que afectan a numerosos dirigentes independentistas. También estiman posible que Sánchez ponga sobre la mesa una propuesta de ampliación del autogobierno que pueda votarse junto a la de la independencia y al mantenimiento del estatus actual. En estos primeros compases de la mesa, incluso ven factible que se aborde una ley de claridad a la canadiense sobre la consulta a la ciudadanía. Creen que podría celebrarse un referéndum con tres opciones (el mantenimiento de la situación actual, un avance en el autogobierno y la independencia) que hiciera difícil que la secesión saliera vencedora. Su objetivo, en todo caso, es abrir el melón de la consulta legal, aunque no se logre ganar la partida ahora. Esos son los cálculos republicanos.

El partido de Junqueras intenta dotar a la mesa de diálogo de la mayor trascendencia posible, ya que es el instrumento que justifica su apuesta por el diálogo frente a la opción de sus socios y competidores de Junts, que defienden el enfrentamiento con el Gobierno central. Para Junqueras, lo prioritario es lograr que su partido se asiente como elemento nuclear de la sociedad catalana, como en su día lo fue el pujolismo, que combinaba la reivindicación permanente con el pragmatismo de los acuerdos esporádicos. Todo ello manteniendo su pedigrí independentista, puesto que considera que la mayoría de la sociedad catalana está virando hacia esa identidad. Para conseguir este objetivo necesita tiempo y normalidad. Y la mesa de diálogo es una herramienta imprescindible en esa labor.

Para afrontar ese proceso de negociación con el Gobierno central, ERC se apoya en los consejos de la Fundación Henry Dunant, una entidad con sede en Ginebra (donde reside la número dos de Esquerra, Marta Rovira) que ya trabajó en el proceso que acabó con el desarme de ETA y que se encargó de certificar a los Gobiernos español y francés que la banda había dejado de existir, un trabajo en el que ese organismo llevaba tiempo participando con el beneplácito de Zapatero. La fundación está especializada en mediaciones para la resolución de conflictos. Basándose en esos consejos, los republicanos insisten en dotar a la mesa de un calendario y unos protocolos de funcionamiento, como la presencia de un mediador internacional o de alguien neutral que supervise el cumplimiento de los posibles acuerdos, pero en la Moncloa no atienden a esos requerimientos. ERC trata de conseguir que alguien del Gobierno central se reúna con representantes de esa fundación, sin éxito. Los republicanos acabarían distanciándose de esta entidad, aunque siempre han mantenido que el funcionamiento de la mesa de diálogo debía regirse por los parámetros de una negociación similar a la de conflictos o procesos de paz internacionales.

Después de este impulso inicial, con el paso de los meses se evidencia que el diálogo se adentra en una sucesión de monólogos. La idea de Sánchez es poner sobre la mesa cuestiones que, en principio, podrían abordarse en la comisión bilateral ya existente en el sistema autonómico. Desde asuntos relativos a las inversiones en infraestructuras o servicios hasta traspasos de competencias. Pero no está dispuesto a formular una oferta sobre el modelo de encaje de Cataluña en España. Sánchez defiende un proceso de negociación por el cual se puedan recuperar parte de los artículos del Estatut que el Constitucional declaró nulos a través de la modificación de algunas leyes, pero no lo presenta como su oferta formal a la mesa de diálogo porque quiere evitar precisamente que ERC lo considere una propuesta en firme y que pretenda confrontarla con la secesión en un referéndum. De ahí que el independentismo continúe subrayando que el Gobierno no tiene una oferta para Cataluña y que así no se puede negociar.

Pese al estancamiento de la mesa de diálogo, a las dos partes les conviene mantenerla durante el máximo tiempo posible. ERC no puede asumir un fracaso tan pronto, ya que daría la razón a Junts, que insiste a diario en que esa pretendida negociación no es más que una tomadura de pelo, una estratagema de los republicanos para seguir gobernando dentro del marco autonómico, sin asumir mayores riesgos. También a Sánchez le beneficia continuar el diálogo con ERC para evitar que se sitúe en una dura oposición en el Congreso. Sin embargo, esa relación no es fácil.

Instalado en la Moncloa y sin elecciones a la vista, la intención del presidente es abonar el vínculo con sus socios de ERC y despejar la negociación de los presupuestos. La posibilidad de los indultos sigue presente y los republicanos los esperan con impaciencia y los reclaman de forma insistente en privado a través de múltiples interlocuciones. Pero Sánchez considera que no puede concederlos tan pronto, apenas unos meses después de que los jueces hayan dictado sentencia, por más que los políticos llevaran para entonces dos años de prisión provisional, puesto que parecería que se enmienda la plana a los magistrados del alto tribunal. Rescata el plan de combinar los indultos con una reforma del Código Penal para redefinir el delito de sedición y aplicarle unas penas más bajas. De esta forma, también podrían beneficiarse otros dirigentes que huyeron al extranjero, que en caso de volver se someterían a un tribunal, pero con la perspectiva de que las condenas serían sustancialmente menores.

El encargado de preparar esa reforma es el titular de Justicia, Juan Carlos Campo, en colaboración con la vicepresidenta Calvo. Para ser exactos, el ministro ya había conversado sobre esa posibilidad en varias ocasiones con el presidente del tribunal sentenciador, Manuel Marchena, con quien comparte amistad. Campo no es partidario de la concesión de los indultos, pero se pone manos a la obra en los dos frentes, el perdón y la reforma legal, una vez recibe las instrucciones del presidente del Gobierno. El 23 de septiembre de 2020, el ministro protagoniza una intervención en el Congreso en la que, casi sin venir a cuento, desvela sus intenciones al hacer una disertación sobre los motivos que justifican la modificación de la sedición. Así, defiende que es normal que se reforme ese delito «ante una realidad cambiante, ya que hay que mirar el Código Penal de países como Italia, Alemania o Francia, y acercarnos a la mejor doctrina». Ya fuera del hemiciclo, al ser preguntado por los periodistas, Campo insiste en que las figuras penales de la rebelión y la sedición «son más propias de ataques a la soberanía en el siglo XIX», cuando se pensaba en «tanques en la calle».

Al mes siguiente, ERC da su apoyo a los Presupuestos Generales del Estado. Es fácil inferir una correlación entre ambas cuestiones, pero lo cierto es que ERC no ve nada claros esos cambios sobre el delito de sedición. Para los republicanos sería como aceptar que lo que hicieron en 2017 entra dentro de una calificación penal, aunque se rebajen las penas. Y sin el apoyo independentista, resulta difícil que se pueda aprobar esa medida en el Congreso. No obstante, en la Moncloa están convencidos de que ERC, llegado el momento de votar, no podrá negar esa salida a los expatriados del *procés*, como Carles Puigdemont y Marta Rovira, así que la iniciativa se mantiene en pie.

La pandemia del covid-19 abre un largo paréntesis en las relaciones entre los Gobiernos central y catalán. Es más, el foco del conflicto institucional se traslada a Madrid, donde la presidenta de la comunidad, Isabel Díaz Ayuso, del PP, entabla una estrategia de enfrentamiento sistemático con Sánchez. Más allá de los meses de confinamiento total, en los que el Ejecutivo ejerce un control muy centralizado de todas las medidas, se demuestra que el Ministerio de Sanidad, bajo el mando de Salvador Illa, solo cuenta con un poder normativo, pero sin capacidad para dirigirse directamente a los centros sanitarios, ni a los colectivos profesionales del sector. Ni siquiera dispone de gran número de funcionarios directamente a su servicio. Por tanto, sus instrucciones deben ser ejecutadas por las comunidades autónomas, que son las que tienen las competencias en la materia y los medios a su disposición. Otro ministro lo resume en una frase: «Illa es un rey sin reino». Eso obliga a un constante ejercicio de negociación con los Gobiernos regionales, que no opinan siempre lo mismo. Pero precisamente esa capacidad del dirigente del PSC para transmitir firmeza al mismo tiempo que voluntad de acuerdo acaba forjando una figura política con tirón electoral en momentos muy críticos, en los que la población, temerosa, huye de estridencias sobreactuadas y desea refugiarse en valores más seguros.

Aunque en principio parece que Torra puede ser el elemento discordante de esas negociaciones para hacer frente a la temible epidemia, finalmente lo será Díaz Ayuso. El presidente catalán defiende al principio las medidas más drásticas contra el covid, mientras la madrileña va erigiendo su liderazgo presentándose como un referente liberal, defensora de abrir cuanto antes la economía, a pesar de los contagios. Una fórmula que acaba casi en parodia al convertirse la presidenta en la salvadora de los negocios de bares y restaurantes de la capital. Ayuso confronta de manera sistemática con Sánchez y va perfilando un discurso cada vez más nacionalista hasta que, en algunos momentos, sus quejas sobre la financiación autonómica o falta de inversiones en su comunidad son casi calcadas de las de cualquier independentista catalán.

Desde Waterloo, Puigdemont cree que la pandemia puede ser una oportunidad para su causa. Según el análisis que comparte con quienes le visitan, España es un estado en crisis y el estrés que supondrá la alarma sanitaria del covid contribuirá a ahondar la imagen de incompetencia del Gobierno y profundizará otras carencias como la crisis de la monarquía, gravemente afectada por los comportamientos poco éticos de Juan Carlos I. En opinión del *expresident*, la república como concepto se abrirá paso con rapidez y en Cataluña tomará la forma de una república independiente.

La realidad no responderá tanto a los deseos de Puigdemont, pero la gestión de la pandemia sí vuelve a poner de relieve las cuitas territoriales de España y la incapacidad para colaborar de forma leal entre los diferentes niveles de la Administración. Durante sus cuatro primeros años en la Moncloa, Sánchez convoca dieciocho veces la Conferencia de Presidentes autonómicos, el doble de citas que en todos los años anteriores desde que Zapatero la puso en marcha. La mayoría tiene lugar durante la pandemia. Las autonomías reclaman al Gobierno central más capacidad de decisión y recriminan a Sánchez que esas reuniones se acaben convirtiendo en monólogos por parte de los diecisiete presidentes y del propio jefe del Ejecutivo, que después acaba tomando las decisiones que ya tenía previsto ejecutar, sin contar con el parecer de los presentes.

Resulta muy difícil que los diecisiete se pongan de acuerdo en defender los mismos intereses, y las siglas de los partidos o las estrategias electorales de cada uno de ellos acaban pesando más que la voluntad de llegar a acuerdos. Cuando la pandemia entra en una fase de sucesivas olas y es preciso restringir la actividad económica, Sánchez deja en manos de las autonomías esas decisiones. Los líderes regionales lamentan que no cuentan con instrumentos legales ni con recursos económicos para afrontarlo, mientras que el presidente les recuerda que fueron ellos quienes reclamaron coger las riendas de la situación en sus territorios. El presidente lo llama *cogobernanza*, aunque de eso tiene bien poco.

Abrir el camino hacia los indultos

Hasta la primavera de 2020, justo antes de que la pandemia pusiera todo patas arriba, el Gobierno seguía trabajando en la vía de un cambio del Código Penal para rebajar las condenas por sedición. La opinión del presidente es que esa solución es menos lesiva ante la opinión pública. En el Ministerio de Justicia se evalúan las equivalencias en otros países y se baraja la posibilidad de introducir un delito de desobediencia agravado que pudiera comportar dos o tres años de prisión. Con la actual legislación, la desobediencia al Tribunal Constitucional no comporta penas de cárcel, solo inhabilitación para cargo público y multas. El independentismo y algunos juristas sostienen que lo que se produjo en otoño de 2017 en Cataluña fue una desobediencia al Tribunal Constitucional. Pero es evidente que, en todo caso, ocurrió en un grado tal que no es asimilable al delito de desobediencia aplicado, por ejemplo, al *president* Quim Torra cuando se negó a retirar una pancarta del balcón del palacio presidencial. El cambio del Código Penal le parece a Sánchez lógico y necesario. Para rebajar la sedición y la rebelión, pero para agravar algunos tipos de desobediencia.

Los indultos también siguen formando parte del plan del presidente. Pero en la Moncloa tienen presente que concederlos demasiado pronto es un mensaje que no pueden permitirse. Primero porque soliviantaría a toda la cúpula judicial. Y segundo porque, en opinión de los colaboradores de Sánchez, se lanza la idea a la sociedad española de que los políticos pueden saltarse la ley sin problemas porque después se perdonan entre ellos cuando les conviene. Así que más o menos se establece que no pueden llegar antes de que los condenados hayan cumplido un tercio de sus penas.

Con el estallido de la pandemia, el Gobierno empieza a tener dificultades para aprobar los estados de alarma que dan cobertura a las restricciones de movilidad y, en un momento determinado, se apoya en Ciudadanos para aprobarlos. Empieza a cundir la sensación de que Sánchez podría abandonar la alianza con ERC y apoyarse en los diez escaños de Inés Arrimadas, cuya formación está en horas bajas y trata así de ser de utilidad y ganar protagonismo político. El presidente hace una ronda con los portavoces de los grupos parlamentarios y el republicano Gabriel Rufián le asegura que quieren garantizar la estabilidad del Gobierno. Sánchez hace algunas comprobaciones más con ERC, se lo piensa y les comunica a sus principales colaboradores, Félix Bolaños —secretario de Presidencia— e Iván Redondo —jefe de gabinete—, que la negociación para sacar adelante la legislatura debe pasar por Esquerra. Así que ambos se disponen a engrasar la relación con ese partido. Estamos en el verano de 2020 y es fruto de esas conversaciones cuando se empieza a abordar en serio la concesión de los indultos.

Las reticencias y los temores en el Gobierno a adoptar esa medida se reflejan en una propuesta que, en un momento determinado, se le hace llegar a Junqueras. Se trata de concederle el indulto solo a él, atendiendo a su apuesta en favor del diálogo y la normalización política en Cataluña. En cambio, dejar al resto en la cárcel, ya que en sus declaraciones públicas, en entrevistas y artículos de opinión, continúan defendiendo que «lo volverán a hacer». Como es previsible, Junqueras lo rechaza de plano. No podría pasearse por Cataluña si aceptara tal proposición.

En los meses siguientes, el líder de ERC hace llegar al Gobierno a través de diversos canales la urgencia de que se aplique la medida de gracia. Por ejemplo, en septiembre de 2020, el presidente de la patronal conservadora Foment del Treball, Josep Sánchez Llibre (exdiputado de UDC), visita la cárcel de Lledoners y sale de allí con el encargo de insistir en favor de los indultos ante el presidente del Gobierno, con quien mantiene una cordial relación. Ya va casi para tres años que los líderes del *procés* están en prisión. Durante ese tiempo, todos han recibido numerosas visitas, pero si uno ha tenido interés en que le fueran a ver a la cárcel todo tipo de personajes ha sido Junqueras, que ha llegado a la conclusión de que ese periodo es un paso necesario en la lucha por la independencia y que su figura como represaliado por defender la causa independentista juega un papel esencial. Incluso su entorno se entrevista con el periodista y escritor John Carlin para pedirle que escriba una biografía sobre Junqueras. Hay que recordar que Carlin es autor de un reputado libro sobre la vida de Nelson Mandela y su combate contra el *apartheid* en Sudáfrica.

Es patente la intención de mostrar su paso por la prisión como parte de una lucha épica por la causa política. Su entorno trabaja para convertirlo en «el Mandela catalán». Por eso, el líder de ERC tiene especial interés en entrevistarse en Lledoners con personas de relevancia social y, si no son favorables al independentismo, mejor. De esta forma, trata de presentarse como un político represaliado a pesar de mantener una relación dialogante y próxima a dirigentes de múltiples ideologías y ámbitos sociales. Que acudan políticos socialistas es relevante, ya que el PSOE es un partido de gobierno en España y referente claro en Europa. Por eso le sienta muy mal que Iceta no vaya a verle. En alguna ocasión deja entrever esa inquina. «A ver cómo me aguantan la mirada», afirma refiriéndose a los socialistas catalanes. Sí logra que pasen por Lledoners otros dirigentes del PSC, como el *expresident* de la Generalitat José Montilla. Incluso alcaldes de localidades con escasa implantación independentista, como es el caso de Antonio Balmón por Cornellà y Antonio Poveda, por Sant Joan Despí, acuden a la prisión. No lo hace, en cambio, quien ha sido su enlace con Sánchez, el alcalde de Viladecans, Carles Ruiz. Junqueras intenta también que vaya a verle Jordi Pujol, emblema político de los cuarenta primeros años de la reciente democracia española, fundador del partido que el líder de ERC desea sustituir como referente de la sociedad catalana. Pero Pujol no irá a Lledoners.

En estos meses se mezcla el debate sobre el perdón a los independentistas con el ambiente preelectoral en Cataluña, donde ya hace tiempo que Torra ha admitido que la legislatura está agotada y los republicanos arden en deseos de acudir a las urnas porque ya se ven ocupando la presidencia. Finalmente, se convocan los comicios para el 14 de febrero de 2021. Parece como si Sánchez estuviera pensando en conceder los indultos antes de las elecciones como un gesto de normalización de la situación política catalana que reste argumentos a los independentistas y que le pudiera comportar réditos en las urnas al PSC. No es ese el cálculo. Los presos se encuentran ya en un momento en el que han solicitado el tercer grado, que les permitiría dormir en sus casas, pero los jueces del Supremo lo han denegado. Sin embargo, cuentan con algunos días de permisos penitenciarios que van a aprovechar para participar en la campaña electoral, aunque la Fiscalía trata por todos los medios de impedirlo. Junqueras, por ejemplo, se reserva la última semana antes del 14-F y, tan convencido está de que los jueces interrumpirán su salida de la cárcel, que se hace acompañar por un cámara a todos los actos para que, en caso de recibir la notificación de que debe regresar a prisión, las imágenes de ese retorno formen parte del mensaje de la campaña sobre el mantenimiento de la «represión» por parte del PSOE.

Aunque los indultos ya estén sobre la mesa, la Moncloa dispone de sondeos que indican que el PSC está en condiciones de recuperar el voto que se les fugó hacia Ciudadanos en diciembre de 2017. Y ese es el motivo principal por el que se decide dejar el perdón a los presos para después de las elecciones catalanas. Hay otro: conocer el veredicto de las urnas y saber si en el independentismo se imponen las tesis negociadoras sobre las del choque con Estado, es decir, si ERC supera a Junts. Los colaboradores del presidente creen que la expectativa de la concesión de los indultos, que ya ha calado en la sociedad catalana, puede rentabilizarse entre los votantes más favorables a distender la relación con el independentismo, mientras que se evita que la imagen de ellos ya libres pueda molestar a quienes consideran que aún no han pagado por lo que hicieron, alejando a los electores que se pasaron a Ciudadanos por considerar que el PSC era demasiado contemporizador con los secesionistas. Para los socialistas catalanes, la concesión de los indultos antes de las elecciones es un riesgo innecesario que puede dar al traste con su consolidación como partido útil para el votante no independentista. Están seguros de que esa medida solo sería rentable para el PP y Vox.

Esa estrategia, junto con la apuesta por enviar al ministro de Sanidad como candidato del PSC, cuya imagen de político comedido y responsable ha crecido durante la pandemia, resulta un éxito. Salvador Illa gana los comicios con treinta y tres diputados. La recuperación de los socialistas catalanes ya es completa. Pero esa primera posición no garantiza el Gobierno y, aunque las opciones favorables a la secesión han perdido masa crítica porque muchos de sus votantes se han decantado por la abstención, la suma de las tres formaciones (ERC, Junts y la CUP) alcanza la mayoría absoluta en escaños y un 51 % del voto, si incluimos a fuerzas como el PDeCAT, heredero real de la antigua Convergència, que se declara a favor de la separación pero contrario a la vía unilateral. En 2017 el voto independentista alcanzó el 47,5 %. Pero la gran diferencia respecto a la situación anterior es que Esquerra, por primera vez, supera a su rival más directo, Junts. El republicano Pere Aragonès será el *president* de la Generalitat. *A priori*, ese relevo parece abrir un escenario de mayor colaboración con Sánchez.

El panorama está despejado para abordar, por fin, los indultos, la decisión más importante de la legislatura para el Gobierno. Durante meses se ha chequeado el impacto que esa medida tendrá en la opinión pública y el resultado indica zona de peligro para el PSOE. Los sondeos reflejan un apoyo muy amplio en Cataluña, que supera con claridad los márgenes del independentismo, y un rechazo apabullante en el resto de España, que va más allá de los votantes conservadores. Es una demostración evidente de la distancia existente entre el hábitat político de uno y otro territorio. Pero Sánchez ya ha decidido acometer la empresa y considera que es el mejor momento. No hay elecciones a la vista y, para cuando lleguen las generales, espera que la euforia económica que augura para después de la pandemia diluirá todo efecto negativo.

Pero si algo ha quedado claro desde que Sánchez es presidente del Gobierno es que no existen los periodos de calma. El fracaso de una moción de censura que Ciudadanos propone al PSOE en contra del PP en la Comunidad de Murcia provoca una carambola política por la cual Díaz Ayuso encuentra la excusa perfecta para convocar elecciones en la Comunidad de Madrid para el 4 de mayo, justo en su momento de mayor popularidad gracias a su permisividad a la hora de abrir bares y restaurantes sin atender a las consecuencias de la pandemia, una fórmula que llama incluso la atención internacional y atrae a jóvenes turistas de otros países europeos en busca de la «libertad» que promete la líder de la capital. Los indultos vuelven a quedar frenados unas semanas más. Las elecciones madrileñas son un desastre para el PSOE y también para UP, cuyo líder, Pablo Iglesias, ha salido del Gobierno para tratar de sacudir las expectativas, sin éxito. Donde sí se produce un terremoto es en la Moncloa. El presidente le da vueltas a lo ocurrido y llega a la conclusión de que quizá ha dejado que su partido e incluso el Gobierno se acomoden demasiado a la confortabilidad del poder. El batacazo madrileño tendrá consecuencias unos meses después.

Antes, toca abordar los indultos. El primer día que el presidente deja caer que aprobará la medida de gracia es el 25 de mayo de 2021. El ministro Campo vuelve a allanar el terreno con unas declaraciones en las que pide afrontar su concesión «con naturalidad». El proceso había empezado a partir de la solicitud presentada por diferentes entidades y particulares (los propios afectados no lo han pedido) y se ha ido tramitando de forma que ahora solo queda el informe preceptivo (no vinculante) del Tribunal Supremo, que está a punto de emitirlo. Preguntado al respecto, el presidente Sánchez, que se encuentra en Bruselas, afirma: «Tengo muy claro que la decisión que tome va a tener muy presente valores constitucionales como la concordia, el entendimiento, la superación de una crisis que desgarró al conjunto de la sociedad española en 2017. El entendimiento, el encuentro, esos principios serán los que pesarán. Los que no son principios constitucionales son la venganza o la revancha». De esta forma, confirma que va a conceder el perdón a los nueve encarcelados, e introduce ya los argumentos con los que tratará de convencer a la opinión pública.

Pese a que pretende ser prudente, ya que el Supremo aún no ha entregado su informe, sus palabras provocan un seísmo en el alto tribunal. Algunos de los magistrados que dictaron sentencia interpretan que Sánchez les ha atribuido un ánimo vengativo. El discurso del presidente estaba pensado más para hacer frente a la oposición del PP, Ciudadanos y Vox, pero en el palacio de las Salesas sienta fatal. Y eso no es un factor menor, puesto que el Supremo tendrá que volver a pronunciarse sobre los posibles recursos que se presenten en contra de la medida. Ahora, el informe previo ya está prácticamente listo y, como era predecible, es contrario al perdón. No es sorprendente. De hecho, casi todos los dictámenes de los tribunales sobre peticiones de indulto se pronuncian en contra, puesto que, por principio, es difícil que un magistrado abogue por extinguir la pena a quien ha condenado con anterioridad, salvo que considere que la legislación vigente a la que ha tenido que atenerse es injusta.

Entre los afectados cunde la impaciencia. Parece como si Sánchez hubiera lanzado la piedra para luego esconder la mano, como si jugara con la capacidad de resistencia de los condenados. Lo cierto es que el presidente tiene pensado aprobar los indultos hacia el final del curso político, ya en verano, cuando espera que tenga menos impacto. Además, está muy molesto porque considera que ni ERC ni Junts hacen ningún gesto para facilitarle la decisión. En su opinión, es necesario que los afectados dispongan una rampa de salida y bastaría con declarar públicamente que no volverán a la vía de la independencia unilateral. No entiende esa obcecación. El presidente no renuncia a la modificación del Código Penal porque considera que la operación estará incompleta si otros dirigentes como Puigdemont o Rovira siguen en busca y captura para evitar acusaciones que podrían comportarles elevadas penas de cárcel. Pero necesita un movimiento del independentismo.

El 16 de junio de este 2021 el Cercle d'Economia celebra sus jornadas anuales en Barcelona, donde se reúne lo más granado del empresariado catalán y donde recalan los principales dirigentes políticos. La junta de la entidad, presidida por Javier Faus, echa una mano a Sánchez y pide expresamente la concesión de los indultos, al mismo tiempo que, en presencia de Aragonès, reclama al Govern mayor «realismo y pragmatismo». El aplauso del poder económico allí presente es una muestra de apoyo relevante para el Gobierno.

En este momento, las encuestas en poder del presidente indican que el 70 % de los catalanes son favorables al perdón, mientras que el 80 % del resto de los españoles están en contra. Sánchez reconoce a sus más estrechos colaboradores que es el paso más trascendental de toda la legislatura y que teme que la medida pueda costarle la presidencia si después no va acompañada de una normalización política en Cataluña. «Al menos siempre podremos decir que lo intentamos», concluyen en el círculo del presidente con cierta resignación. La decisión está tomada, pero provoca vértigo. Además, es ahora o nunca. Aún faltan dos años y medio para las generales, así que un posible efecto electoral negativo es reversible. Si se deja para más adelante, el riesgo aumenta para los socialistas. En ERC, en cambio, estaban convencidos de que la medida llegaría casi un año antes. Los cálculos más optimistas de Carmen Calvo cuando era su interlocutora en la Moncloa hicieron creer a los republicanos que todo iría más rápido.

Tomada la decisión, Sánchez y los suyos empiezan a preparar el terreno. Lo primero, dejar claro en el seno del PSOE que no estarán bien vistos los comentarios que cuestionen la medida de gracia. La división de pareceres en el partido es evidente. Desde las posiciones más favorables entre los dirigentes de la Comunidad Valenciana o Baleares hasta los más reacios, como los de Andalucía, Aragón o Castilla-La Mancha. Casi milagrosamente, se logra mantener a todos callados. Incluso Felipe González, a quien nadie puede controlar, y que se había mostrado contrario a los indultos, matiza sus palabras y limita sus reticencias a una cuestión de oportunidad, no de fondo. Mientras, empiezan a filtrarse informaciones que indican que los indultos están al caer. En el bando independentista también se va preparando el escenario ante sus propios seguidores, a los que se envía el mensaje público de que si Sánchez va a aprobarlos es porque sabe que España puede recibir en breve un rapapolvo por parte de los tribunales europeos que dejará en mal lugar las condenas dictadas por el Supremo.

En la Moncloa diseñan un acto en Barcelona para que Sánchez anuncie la medida de manera oficial. Se trata de acentuar el aura de líder audaz del presidente y de enmarcar la decisión en un programa más amplio que se ha empezado a llamar «agenda del reencuentro». Se busca un espacio con más carga simbólica que un palacio de congresos. Primero se piensa en la Sala Oval del Palau Nacional de Montjuïc, pero está ocupada por una exposición, y así se llega al Liceu, donde se reúnen unos trescientos invitados para escuchar al presidente. El acto se ha revestido de solemnidad y la expectativa es que Sánchez esboce cuál es su idea de relación entre Cataluña y el resto de España. En ese sentido causa una cierta decepción. El presidente se concentra en el concepto de *reconciliación*, pero sin contenidos concretos. De hecho, esa «agenda del reencuentro» consiste en recuperar el listado de reclamaciones sobre inversiones y competencias elaborado por Mas, Puigdemont y Torra, además del compromiso de evitar la vía judicial para resolver los conflictos políticos.

Hasta hace muy poco, el presidente ha mantenido en pie su idea de combinar los indultos con la modificación del Código Penal. Le parece que ambos instrumentos son necesarios para normalizar definitivamente la política en Cataluña. Incluso llega a valorar la posibilidad de anunciar ese cambio legal durante su discurso en el Liceu. Pero unos días antes Sánchez se ha reunido en su despacho con Carmen Calvo, Félix Bolaños y Juan Carlos Campo para abordar la cuestión y el resultado ha sido dejar esa iniciativa en un cajón. En esa discusión, Bolaños se muestra favorable a cambiar el Código Penal y argumenta que, puestos a sufrir un desgaste electoral en el resto de España por los indultos, mejor que sea por ambas cosas y arreglar de una sola vez los efectos judiciales del *procés*, mientras que la vicepresidenta le insiste en que se reserve un as en la manga ante el independentismo por si lo necesita más adelante, es decir, por si precisa intercambiar esa medida por apoyo parlamentario. Sánchez hace caso a Calvo. De ahí que la conferencia en el Liceu quede algo descafeinada, sin anuncio sorpresa.

Lo más importante de todos los preparativos de los indultos consiste en acordar con ERC el gesto que reclamaba Sánchez con insistencia: Junqueras allanará el terreno con una declaración pública en la que deje claro que su partido renuncia a la vía unilateral y apuesta por el diálogo. Bolaños y Jové son dos figuras clave en la negociación. Junqueras cumple con su parte del trato al difundir, a través del diario *Ara*, en Cataluña, pero también en La Sexta, un medio para toda España, una carta abierta en la que se hace una autocrítica sobre la unilateralidad y donde reconoce que los indultos pueden contribuir a aliviar la tensión en Cataluña.

Algunas de esas ideas ya habían sido expuestas por el líder de ERC con anterioridad, pero no todas, y menos de manera tan explícita. Junqueras había admitido ya antes que el independentismo no gozaba de suficiente respaldo popular como para declarar la secesión a la brava, lo que implica de forma implícita que, al menos por un periodo de tiempo, no se volvería a la vía unilateral. En esta ocasión, el dirigente republicano reconoce además que la actuación de su partido en 2017 no fue entendida como legítima «por una parte de la sociedad, también de la catalana». Y apuesta por el referéndum legal y acordado para solucionar el conflicto, es decir, adopta el ejemplo de Escocia. «Otras vías no son viables ni deseables», subraya. Junqueras también deja claro que el diálogo no debe ser coyuntural, sino que se muestra realista y se compromete a apostar por él a largo plazo: «Sería una ingenuidad creer que el diálogo político con el Estado dará frutos tangibles de forma inmediata [...], por mucho que se critique y se ridiculice, la mesa de diálogo y negociación entre Gobiernos es un éxito en sí misma».

Es más novedosa la forma como Junqueras se refiere a los indultos. Hay una gran distancia entre lo que dice sobre ello en esta tribuna y lo que, por ejemplo, soltó en una entrevista en octubre de 2019: «El indulto se lo pueden meter por donde les quepa». Ahora, en cambio, insiste en reclamar la amnistía porque este instrumento sirve para «las tres mil personas que sufren causas judiciales» relacionadas con el *procés*, pero admite que los indultos son «gestos que pueden aliviar el conflicto, paliar el dolor de la represión y el sufrimiento de la sociedad catalana». La carta de Junqueras es una enmienda a su actuación en otoño de 2017, cuando ERC azuzó la declaración unilateral de independencia por parte de Carles Puigdemont.

La oportunidad, el momento en el que se produce el pronunciamiento de Junqueras, como antesala de la aprobación de los indultos, es el verdadero gesto que necesita el Gobierno para allanar el camino. De hecho, en el texto por el que se razona la medida de gracia para Junqueras, se alude a ese artículo del político independentista como uno de los argumentos para conceder el perdón. La redacción de los decretos corre a cargo en su mayor parte de Bolaños, que basa su exposición en motivos de utilidad pública y pone especial empeño en dejar claro que no se trata de enmendarle la plana a los magistrados del Tribunal Supremo. Así, señala el «absoluto respeto a la sentencia judicial condenatoria» y advierte que la medida «no modifica sus razonamientos ni cuestiona su validez o eficacia». La intención, argumenta el Ejecutivo, es contribuir a la normalización política y a mejorar la convivencia en Cataluña. Los indultos, señala el texto, son «un mecanismo idóneo para rebajar la tensión social y política» y «encarrilar la solución al problema por las vías del diálogo político y del entendimiento».

En el caso específico de Junqueras, el escrito del indulto subraya que «su peso en el devenir de las relaciones entre España y Cataluña resulta indiscutible», así como su elevado respaldo electoral. También se otorga especial relevancia a Jordi Sànchez, exlíder de la Assemblea Nacional Catalana recientemente ascendido a la cúpula de Junts. Pero está claro que en la relación con el Gobierno central es Junqueras quien ostenta todo el protagonismo. La prueba de que el diálogo entre la Moncloa y ERC es muy fluido reside en un movimiento de última hora por parte del líder republicano. En concreto, la noche antes de aprobarse los indultos en el Consejo de Ministros, el 22 de junio de 2021.

Junqueras no quiere un trato de favor

¿Cuál fue ese movimiento? Los indultos son parciales. A los condenados se les anula la pena de prisión que aún les queda por cumplir, pero no la inhabilitación para ejercer cargo público. De hecho, el Ejecutivo no puede hacer otra cosa, puesto que la ley impide que el perdón sea total cuando no cuenta con el respaldo del tribunal sentenciador, como es este caso. Además, el Gobierno coloca una cláusula por la cual los indultos son reversibles, es decir, que volverían a la cárcel si cometen un «delito grave» en un plazo de entre tres y seis años. Para los políticos que fueron condenados a penas más altas, el periodo en el que estarían, por decirlo así, bajo vigilancia, sería, por tanto, de seis años. Es lo que le tocaría a Junqueras. Pero el Ejecutivo, atendiendo al gesto de hacer pública la carta mencionada, ha fijado para el líder de ERC cuatro años. Una persona de confianza de Junqueras que ha negociado con Bolaños los términos del decreto se da cuenta de esa deferencia la noche antes de que los indultos sean aprobados y llama a la Moncloa para que también se pongan seis años a Junqueras durante los cuales no puede incurrir en un delito grave si no quiere regresar a la cárcel. De nuevo, el dirigente republicano no desea que se haga la lectura de que recibe un trato de favor por parte del Ejecutivo socialista respecto al resto de sus compañeros de prisión. Una imagen de connivencia con el PSOE es muy nociva para la autoridad de Junqueras en su propio partido y en la consideración del independentismo en general.

Carme Forcadell cruza la puerta de la prisión de Wad-Ras de Barcelona para no volver a entrar más. Llovizna. Enseguida le acercan un paraguas. A la expresidenta del Parlament de Catalunya la embarga la emoción. La aplauden un grupo de seguidores, encabezados por un puñado de políticos independentistas. Forcadell viste una blusa amarilla, el color que ha simbolizado la reclamación de libertad para los condenados por el proceso secesionista durante los casi cuatro años que han permanecido en la cárcel. Ella ya ha cumplido los sesenta y seis años. Son casi las doce del mediodía del miércoles 23 de junio de 2021. Forcadell es puesta en libertad después de firmar la aceptación del indulto concedido por el presidente del Gobierno, el socialista Pedro Sánchez.

Mientras, en la prisión de Lledoners se preparan para salir juntos los siete reclusos hombres. Y, por último, lo hará Dolors Bassa, que abandonará la cárcel de Puig de les Basses. La *exconsellera* de Trabajo, sonriente, es la que muestra su cara más personal: «Tantas veces diciéndoos buenas noches y dejándoos atrás cuando cruzaba la puerta de la cárcel, y hoy por fin se abre». Más allá de sus sentimientos, todos ellos tienen previsto subrayar sus convicciones políticas y dejar claro que seguirán porfiando en la independencia de Cataluña y que han sido represaliados injustamente.

El centro de atención son los siete líderes de Lledoners, penal por el que han pasado los avatares de la política catalana —y también de la española— durante los últimos cuatro años. Acompañados por cámaras de televisión, salen de la cárcel y son aplaudidos por los centenares de fieles reunidos. Visten camisa o polo de manga corta. Solo Junqueras se ha puesto la americana. Él se despoja hoy de la condena más elevada impuesta por el Supremo al grupo de encausados: trece años de prisión por sedición y malversación. Los excarcelados enarbolan una bandera estelada, símbolo de la independencia, y portan también una pancarta con el lema «*Freedom for Catalonia*», un guiño a la militancia independentista de juventud de uno de ellos, el *exconseller* Joaquim Forn. En 1989, durante la inauguración del estadio olímpico, ese movimiento al que pertenecía Forn (junto a jóvenes que después serían muy conocidos como Oriol Pujol, David Madí o Francesc Homs) organizó la pitada al rey Juan Carlos. Esa campaña también está muy vinculada en el imaginario independentista con la operación que el juez Baltasar Garzón ordenó y que supuso la detención de cuarenta y cinco personas acusadas de estar vinculadas a dos atentados fallidos de Terra Lliure en junio de 1992. Quince de ellos denunciaron torturas y partidos de la izquierda catalana se movilizaron durante los Juegos para denunciar los abusos de una operación que consideraban desproporcionada. El Tribunal de Derechos Humanos de Estrasburgo condenó al Estado español en 2006 por no haber investigado esas presuntas torturas.

A las puertas de la cárcel de Lledoners, el mensaje político más esperado es el de Junqueras. Los líderes independentistas no quieren que sus seguidores piensen que se rinden ante el Estado español a cambio de la libertad. El discurso de Jordi Cuixart, presidente de Òmnium, el primero que toma la palabra, es muy revelador de esos temores: «Hoy no es un día de renuncia, sino un día en que los catalanes y las catalanas nos reafirmamos. Que nadie se equivoque, la represión no nos ha vencido ni nos vencerá. No existe el indulto que nos haga callar, no nos han hecho callar y no callaremos nunca». Cuixart había repetido en varias ocasiones que no tenía intención de aceptar el perdón, que su objetivo era la amnistía para todos los procesados independentistas, pero finalmente lo firma, como los demás. En la Moncloa están atentos a las palabras de Junqueras y cruzan los dedos para que sus declaraciones no levanten ampollas en sectores de su partido y en buena parte de la sociedad española. Existe temor a que el líder de ERC diga algo que se pueda interpretar como un desplante. Ninguno de los presos va a agradecer la concesión de los indultos, ya que eso sería reconocer que se les otorga un perdón por un delito que no reconocen, pero en el Gobierno esperan que, al menos, el dirigente republicano no diga nada que pueda incendiar los ánimos de quienes consideran la medida de gracia una claudicación del Estado para mantener en el poder a Sánchez.

Junqueras cumple con su parte: «Salimos con el compromiso de hacer desde la política todo lo que nunca debió salir de la política». Y añade: «Hasta el día de la victoria seguiremos trabajando con todos y sin excluir a nadie para hacer realidad el sueño de una república catalana». Nada que pueda inducir a escándalo. Desde unos días antes, los dirigentes encarcelados en Lledoners vienen discutiendo sobre la escenografía de su salida de prisión. Hay quien defiende que se organice un mitin multitudinario, pero finalmente los afectados optan por una salida discreta, lo cual es un alivio para la Moncloa. Las cámaras de TV3 recogen un diálogo entre los presos justo antes de abandonar su encierro en el que uno de ellos, Jordi Sànchez, pregunta: «¿Con expresión de alegría o no?». «¡Y tanto! Victoria, ¡es una victoria!», contesta Cuixart. Pero Junqueras apunta: «No, no. Funeral, funeral, que si no, parece que celebremos que hay muchos represaliados». El líder de Esquerra trata de imprimir un perfil bajo al acontecimiento para evitar que la natural euforia enardezca demasiado la retórica.

La salida de la cárcel de los dirigentes independentistas va a desinflamar la tensión en Cataluña. Los presos recuperan sus vidas, truncadas desde 2017. Algunos dejan la política en un segundo plano. Es el caso de Forcadell, Bassa, Cuixart, Raül Romeva, Forn o Josep Rull, aunque continúan prestando apoyo a sus respectivas organizaciones y, en los primeros meses, responden a la multitud de invitaciones que reciben de instituciones y entidades por todo el territorio catalán, donde son recibidos como héroes. Otros recuperan la actividad política de primera línea. Aunque estén inhabilitados para ocupar un cargo público, tanto Jordi Sànchez como Jordi Turull se vuelcan en Junts per Catalunya, mientras que Junqueras ejerce la dirección de ERC de una forma singular. Suya es la estrategia que sigue el partido, si bien comparte el poder con Marta Rovira, instalada en Suiza, que controla la organización y el territorio, y con Pere Aragonès, que, aunque alcanza la presidencia de la Generalitat, no dispone de toda la autoridad en el partido.

Cada uno guarda una experiencia diferente del paso por la cárcel. Los hay que no quieren hurgar en los recuerdos, aunque la mayoría no tiene inconveniente en explicar anécdotas y curiosidades. También coinciden en que las rutinas dentro de la prisión la hicieron más llevadera. Aunque han gozado del máximo de permisos y visitas dentro de la legalidad, casi cuatro años en prisión pueden cambiar a cualquiera. Unos han reforzado su amistad, pero los desencuentros han sido frecuentes y de enjundia. El retorno a sus vidas cotidianas no siempre es sencillo, sobre todo para los que tienen hijos. Los pequeños deben acostumbrarse de nuevo a una presencia en casa que habían perdido. Lo cotidiano va ganando terreno. Algunos reconocen que lo más sorprendente, al salir, ha sido adaptarse al ritmo frenético que impone el teléfono móvil.

Los indultos tienen un efecto balsámico en la sociedad catalana. Y pasan con cierta indiferencia sobre la opinión pública española. El alivio es perceptible en la Moncloa. Sánchez ya puede afrontar un asunto pendiente desde las elecciones madrileñas: los cambios en su Gobierno y en el partido.

El giro sorprende a todos. El presidente regresa a las esencias del PSOE con un congreso en el que presta un gran protagonismo a todos los anteriores presidentes, presentándose así como continuador de una fuerza política histórica. Si un día el partido le dio la espalda hasta el extremo de expulsarle de su regazo, él no solo les otorga el perdón, sino que recupera su sitio en la galería de protagonistas de esas siglas determinantes en la política española. Si bien se muestra generoso con quienes un día le traicionaron, lo es menos con algunos miembros de su Gobierno, como Iván Redondo, Carmen Calvo y José Luis Ábalos, pesos pesados de su Ejecutivo que son relevados sin demasiadas explicaciones. Sánchez prescinde de quienes considera que no le resultan útiles en la nueva etapa, con un Gobierno que quiere presentar como joven, femenino y radiante, después de la pandemia. Pero hay dos movimientos más que son relevantes.

Por un lado, el cese de Juan Carlos Campo. Su llegada al Ministerio de Justicia iba acompañada del aura de que ser un juez con buenas conexiones en ese mundo tenía que servir para lograr un acuerdo con el PP sobre la renovación del CGPJ, la gran asignatura pendiente de Sánchez desde que llegó a la Moncloa. Los cambios en la cúpula del Tribunal Supremo y del Constitucional siguen bloqueados y eso hace que las decisiones del Gobierno sufran vetos y revolcones judiciales dadas las mayorías conservadoras que rigen en esas instancias. Campo llegó con esa misión y no ha podido cumplirla. Pero además es el ministro que firma los indultos a los presos del *procés*. Y el presidente quiere que el nuevo gobierno tenga que ver poco con los lastres que arrastra el anterior, en especial Cataluña.

El otro movimiento no es un cese, sino un cambio de cartera que afecta a Iceta. Los rumores insistentes le situaban como portavoz del Gobierno, además de titular de Administraciones Públicas. Es decir, un dirigente catalán favorable a los indultos daría cuenta de la política del Ejecutivo cada semana. Y con un fuerte contenido político, puesto que Iceta no es un dirigente al que se le pueda hacer repetir un argumentario de partido. Sin embargo, es desplazado al Ministerio de Cultura, con mucha menos proyección política. Algo que sorprende y no gusta al propio Iceta, pero que sobre todo revela que Sánchez entiende las fidelidades de una manera muy pragmática y que, sobre todo, no quiere situar ninguna referencia a Cataluña en el punto de mira de la acción de gobierno. En definitiva, una vez acometidos los indultos, toca pasar página con rapidez.

Durante todo este tiempo, Sánchez vende la «agenda del reencuentro», pero en ningún momento pone sobre la mesa de diálogo una propuesta política de encaje de Cataluña en España que pueda suponer un cambio legislativo, sea del alcance que sea, que pueda refrendarse en una votación. El motivo principal es que Sánchez cree que, si lo hace, el independentismo no se prestará a negociarla para llegar a un acuerdo y defenderla en las urnas ante los catalanes, sino que tratará de contraponerla a la propuesta de la secesión en un referéndum. Y el presidente no está dispuesto a llevar a las urnas la opción de la independencia. Dicho de otra forma: Sánchez se abre a negociar un mayor autogobierno para Catalunya siempre que el independentismo asuma que su objetivo de máximos queda aparcado y se centra en negociar esos avances. Pero ERC y Junts consideran que no han hecho un viaje tan costoso para tan magro resultado. Esa actitud del Gobierno provoca un daño colateral para el PSOE en Cataluña, ya que aparece ante amplios sectores sociales como un partido cuyo proyecto territorial es idéntico al del PP, aunque el talante sea más comprensivo. Tanto ERC como Junts, además, insisten en el mensaje de que, en realidad, los socialistas no tienen ninguna oferta que hacer a los catalanes.

Después de los indultos, Sánchez entra en una etapa más conservadora, de riesgo cero en Cataluña. Es más, está algo dolido con la reacción de ERC a esa medida. Considera que los republicanos se comportan de una forma desagradecida y que se han olvidado muy pronto de una decisión tan relevante y costosa. Por ejemplo, la formación de Junqueras vota en contra de la reforma laboral, que no embarranca de milagro. Sale adelante por un error en la votación por parte de un diputado del PP. Es una reforma esencial para Sánchez, no solo por el simbolismo político de ser una de las principales promesas electorales, sino también por la cohesión que supone para el Gobierno de coalición progresista y, sobre todo, por el compromiso con Bruselas en esa materia, pues la Unión Europea supedita la entrega de millonarios fondos a España para recuperar la economía tras la pandemia a la ejecución de varias reformas, entre ellas la del mercado de trabajo, que ERC ha estado a punto de echar por tierra en el Congreso.

Sánchez deja abierta la puerta a aprobar la reforma del Código Penal, pero en ERC consideran que eso «es pan para hoy y hambre para mañana», ya que un endurecimiento de las penas por desobediencia podría dificultar al independentismo una estrategia basada en esa vía en el futuro. En ERC querrían hablar al menos de una ley de claridad a la canadiense y, si la mesa de diálogo fracasa, al menos podrán defender en Europa que han intentado la negociación hasta la extenuación y a los catalanes podrán pedirles más apoyo electoral para ejercer una mayor presión sobre el Gobierno español. «Esquerra no aguanta la presión y hasta que no asuma que la van a llamar traidora igual que a mí me llaman vendepatrias no hay nada que hacer», se lamenta Sánchez ante sus colaboradores. Él tampoco ve la necesidad de arriesgar mucho más en ese momento.

El independentismo y el CNI

Para colmo, nuevos nubarrones acechan la relación entre ambas partes. Desde hace unos meses, a raíz del descubrimiento del espionaje del móvil del presidente del Parlament, Roger Torrent, decenas de teléfonos de dirigentes independentistas están siendo chequeados en Canadá por Citizen Lab, un organismo dedicado a la investigación de internet para usos contrarios a los derechos humanos. Uno de los enlaces es Elies Campo, un ingeniero de telecomunicaciones barcelonés que trabajó para WhatsApp y que pertenece al movimiento independentista y a Citizen Lab. Según el estudio realizado por esa entidad, decenas de dirigentes fueron espiados con Pegasus, una herramienta informática tremendamente intrusiva, ya que permite acceder a todas las funcionalidades del teléfono móvil infectado, es decir, a su agenda, a todo el material almacenado, e incluso grabar o enviar mensajes sin que lo controle el dueño. Pegasus es de fabricación israelí, a cargo de la empresa NSO, y el Gobierno de ese país solo permite vender el *software* a Estados para utilizarlo en la lucha contra el terrorismo o la delincuencia. En teoría, claro. Varios líderes mundiales han sido espiados con Pegasus y lo cierto es que no resulta fácil conocer quiénes han sido los responsables, puesto que se trata de una tecnología que no deja rastro. En el caso del espionaje a los independentistas las sospechas recaen de inmediato en los servicios secretos españoles.

La reputación del CNI había quedado muy tocada después del otoño de 2017 con el fiasco de las urnas del referéndum del 1-O y la huida de Puigdemont. Cuando Sánchez llega a la Moncloa, eso cambia. Como presidente, una de sus potestades es fijar personalmente las prioridades anuales de la Directiva de Inteligencia por la que se rigen los trabajos de los servicios secretos. Aunque estos dependan de uno u otro ministerio para las cuestiones de funcionamiento, presupuesto y logística, es el presidente quien establece a qué debe dedicar el CNI sus esfuerzos y recursos. Y Sánchez sitúa el independentismo catalán en primer plano. Al mismo nivel que el terrorismo yihadista.

Esa prelación y los precedentes de lo ocurrido en 2017 provoca cambios inmediatos. El CNI destina más personal y más recursos a Cataluña. Su grado de conocimiento de las actividades de los independentistas aumenta notablemente. Una de las cuestiones que más investiga son sus conexiones con Rusia y se elaboran varios informes sobre ello que se elevan a la presidencia del Gobierno. En la prensa ya han ido publicándose las conexiones del entorno de Puigdemont con supuestos enviados del Kremlin a partir de las pesquisas de la operación Voloh, que realizó la Guardia Civil en octubre de 2020, que buscaba datos sobre el desvío de fondos públicos para Tsunami Democràtic y que incluía la intervención de dieciocho teléfonos móviles con autorización del juez de instrucción número 1 de Barcelona, Joaquín Aguirre. Entre las personas investigadas por la Guardia Civil figuran algunos de los miembros del Estat Major, como David Madí, Oriol Soler o Xavier Vinyals, así como Josep Lluís Alay, estrecho colaborador de Puigdemont. Todos ellos quedaron en libertad. Entre las escuchas realizadas, figuran referencias a promesas de una presunta ayuda de los rusos al independentismo, económica e incluso militar.

En sus informes, el CNI resta importancia al papel de Víctor Terradellas, un personaje con cierta tendencia al histrionismo, responsable de asuntos internacionales de Convergència, empeñado en cultivar la relación con Rusia y que insistió en que también se abriera a esa posibilidad Puigdemont, quien siempre ha negado que le hiciera caso. En cambio, los servicios secretos españoles consideran más relevante a Alay. Según publicó *The New York Times*, citando un informe de inteligencia europeo, el colaborador de Puigdemont viajó a Rusia en la primavera de 2019 para buscar «un salvavidas político» para la causa independentista después de que la declaración de independencia resultara fallida. En concreto, según el diario, Alay se reunió con funcionarios rusos, exoficiales de inteligencia y un familiar de un espía del Comité para la Seguridad del Estado (KGB). Tanto Alay como Puigdemont confirmaron al rotativo los viajes a Moscú, pero insistieron en que eran parte de contactos regulares con funcionarios y periodistas extranjeros.

Según el reportaje de *The New York Times*, algunos de los contactos de Alay en Moscú están involucrados en lo que se conoce como la guerra híbrida de Rusia contra Occidente. El CNI también ha descrito la utilización de bots y de *fake news* por parte de Rusia para desestabilizar Europa fomentando la polarización y el enfrentamiento entre la opinión pública, aprovechando la crisis que tuvo lugar en Cataluña en 2017. Todo ello ha llegado a la mesa de Sánchez desde que ocupa la presidencia del Gobierno.

Pero el CNI también ha investigado otras actividades para tratar de alertar al presidente de posibles nuevos intentos de culminar la separación. Los servicios secretos españoles consideran que el independentismo está en una fase que podría considerarse durmiente. Según su diagnóstico, la estrategia es capacitar toda la estructura administrativa de Cataluña para estar en disposición de desconectarse de la estatal. Es una sofisticación de las famosas «estructuras de Estado» que el Govern independentista pregonaba antes del 1-O sin que detrás hubiera más que montones de papel con poco más que elucubraciones. Ahora, según el CNI, se trabaja en cuatro ámbitos principales: el primero es la llamada «república digital», es decir, la capacidad para disponer de una identidad propia catalana, a través de los datos de la tarjeta sanitaria. El segundo, la promoción del voto electrónico por si fuera necesario utilizarlo en un nuevo referéndum de autodeterminación. El tercero, las criptomonedas, para favorecer métodos de financiación alternativos y poco controlables. En este ámbito se incluye también el incremento sustancial de personal de la Agencia Tributaria catalana, aunque este organismo funciona de pleno acuerdo con las competencias establecidas en el Estatut. Y, por último, una labor diplomática y de relaciones exteriores, no basada tanto en buscar el apoyo de los Estados, que ya se demostró poco efectivo, sino en recabar el respaldo de una amplia red de organismos, fundaciones y entidades, sobre todo relacionadas con los derechos humanos.

Es cierto que Puigdemont ha explicado en público que abrió una cartera pública de Ethereum, una criptomoneda. De hecho, el presidente de una importante asociación profesional de Cataluña recibió un día la llamada de Toni Comín, que lleva junto al *expresident* la llamada Casa de la República en Waterloo, para que invirtiera dinero de esa entidad en la criptomoneda. Le aseguró que ganaría mucho dinero en poco tiempo y que una parte sería para la entidad y otra para la Casa de la República. No consiguió convencerle. Puigdemont también se ha sumado a la comunidad de usuarios de Web3, cuyos promotores, vinculados a Ethereum, pretenden descentralizar internet basándose también en la tecnología *blockchain*. Según el *expresident*, este tipo de iniciativas es una oportunidad para cambiar las estructuras de poder clásicas y, en teoría, empoderar a los ciudadanos. Aunque, en realidad, es un sistema que permite actuar fuera del control de los Gobiernos, eludir el pago de impuestos y actuar al margen de la legalidad.

Los informes de inteligencia describen una situación de transición en el independentismo a la que le faltaría la movilización social, que pasa de momento por horas bajas, pero que podría regresar en el futuro. Los documentos que elabora el CNI se entregan a los responsables de las áreas concernidas. Por ejemplo, si abordan las relaciones con Marruecos, se le entrega la carpeta correspondiente al ministro de Exteriores. Los relativos al independentismo llegan a la mesa del presidente o del ministro de la Presidencia. Y, una vez leídos, son destruidos. Es decir, el responsable político no puede quedárselo. Según fuentes del CNI, en esos informes no se especifica cómo se ha logrado acceder a la información. En cualquier caso, a la hora de reportar sobre el independentismo catalán, el CNI ya no se basa simplemente en lo que publican los medios de comunicación, lo que en el argot de los servicios secretos se denominan «fuentes abiertas», sino también en entrevistas propias, investigaciones y espionaje de teléfonos móviles. En efecto, también con Pegasus. El CNI reconoce que pidió y recibió autorización judicial para espiar a dieciocho personas de ese movimiento a raíz de los incidentes ocurridos después de la sentencia del *procés*.

Solo con esas dieciocho autorizaciones legales el CNI ha podido perfilar un mapa completo del movimiento independentista entre 2019 y 2020. Por un lado, abarca a los partidos: primero, a ERC, ya que fue espiado nada menos que el *president* de la Generalitat, Pere Aragonès, entonces número dos del Govern y estrecho colaborador de Junqueras, así como el empresario vinculado a ese partido Xavier Vendrell. Segundo, a Junts, puesto que otro afectado fue el secretario general de ese partido, Jordi Sànchez. Y tercero, la CUP, con el diputado Carles Riera entre los espiados. Por otro lado, las entidades independentistas: fueron espiados Elisenda Paluzie por la ANC y Marcel Mauri y Jordi Bosch por Òmnium. También se prestó especial atención al entorno de Puigdemont, ya que se espiaron los móviles de su abogado Gonzalo Boye, de su amigo Joan Matamala y de su colaborador Alay, además de otros políticos de su confianza, como Elsa Artadi y el diputado Albert Batet. Pero también personas no tan públicas como Sergi Miquel Gutiérrez, director de la estructura técnica de la llamada Casa de la República, que auspicia Puigdemont en Bélgica, y empresarios del ámbito tecnológico como Jordi Baylina, Pau Escrich y Xavier Vives. Son actuaciones que resulta fácil vincular a las conclusiones que hemos mencionado anteriormente por parte del CNI sobre la situación del independentismo. Para completar el cuadro, se espía también a dirigentes del PDeCAT, el partido heredero de Convergència, David Bonvehí y Marc Solsona, recelosos de la vía unilateral.

El Gobierno no ha sabido o no ha querido explicar si es cierto, como defiende el independentismo, que el número de víctimas del espionaje supera las sesenta. Es más, el Ejecutivo de Sánchez ha insinuado que quizá han sido objeto de pinchazos por parte de otros Gobiernos, de la misma manera que fueron espiados el presidente del Gobierno y algunos de sus ministros por países extranjeros. Pero lo cierto es que, de ser ciertas las informaciones difundidas por ERC y Junts a partir del estudio de Citizen Lab, si otro Estado estuviera detrás de esa masiva intervención telefónica habría que concluir que su conocimiento de los personajes que componen el mundo independentista es más que minucioso, puesto que no se limita solo a los dirigentes más relevantes o públicos. Así que la teoría del Ejecutivo resulta, como mínimo, cuestionable.

Pese a la destitución de la directora del CNI, Paz Esteban, una trama de espionaje de por medio no es el mejor contexto para establecer una relación política basada en la confianza, aunque en ningún momento la intención de ERC es romper con el Gobierno por este asunto. De hecho, los republicanos acaban pasando página del asunto en apenas unas semanas. Hay mucho más en juego.

Pista de aterrizaje

La mesa de diálogo se crea bajo la promesa de buscar una solución política a la relación entre Cataluña y España, pero en realidad su primer objetivo es desplegar una pista de aterrizaje al independentismo. La tarea prioritaria es deshacer en la medida de lo posible los efectos de la puesta en marcha de la maquinaria judicial. La mesa es esa pista, que ya propició la aprobación de los indultos. El problema de ERC es que no puede reivindicar ese logro, puesto que vendió ese foro de diálogo como un primer paso para lograr el referéndum. Pero a la mesa se le acumulan las tareas pendientes. Decenas de dirigentes independentistas están pendientes de juicio por desobediencia, malversación y otros delitos relacionados con su colaboración en el procés. Desde el caso de Roger Torrent, *expresident* del Parlament, o Natàlia Garriga, *exconsellera* de Cultura, acusados de desobediencia, pasando por cargos relevantes del partido como Josep Maria Jové o Lluís Salvadó, que además afrontan peticiones de penas por malversación y revelación de secretos. Para Junqueras no es llevadero asumir que él goza de libertad porque ha sido indultado, mientras algunos de sus más estrechos colaboradores, que actuaron bajo sus instrucciones, entran en la cárcel. El líder de ERC también persigue que los indultos sean totales, es decir, que se levante la inhabilitación y los afectados, incluido él, puedan regresar a la política activa. Todo ello sin contar con los líderes que escaparon en su momento a las decisiones penales con su huida al extranjero.

Las aguas bajan menos revueltas por Cataluña y eso ha permitido que, por ejemplo, la *exconsellera* Meritxell Serret, de ERC, haya regresado de Bélgica, donde se instaló en 2017 junto a Puigdemont y otros líderes, Acusada de prevaricación, desobediencia y malversación por su participación en el 1-O, el 11 de marzo de 2021 regresó a España y se entregó al Tribunal Supremo, que la dejó en libertad. Al final, Serret solo se sentó en el banquillo por desobediencia. La operación fue diseñada por el abogado Íñigo Iruin, que fue parlamentario por Herri Batasuna a finales de los años 80, cuando participó en las conversaciones de Argel, entre la banda ETA y el Gobierno de Felipe González. Se le considera una de las personas más influyentes en el proceso de la izquierda abertzale de despegarse progresivamente de la afinidad con el terrorismo para abrazar el rechazo de la violencia, incluida la de ETA. Los múltiples e intensos contactos de Iruin con magistrados del Tribunal Supremo permitieron pactar el regreso de Serret sin sorpresas desagradables para la *exconsellera*. Pero al fin y al cabo ella no estaba acusada de delitos tan graves como otros dirigentes.

La pista de aterrizaje puede ser más larga o más corta. Se puede construir mediante cambios legales como la reforma de la sedición, la rebelión o incluso la malversación. También con nuevos indultos a quienes sean condenados de ahora en adelante. Incluso con ambas cosas al mismo tiempo. Para ello, será necesario que se mantenga un gobierno de izquierdas en la Moncloa. Se trata de regresar a la normalización política plena, aunque el Gobierno considera difícil tomar decisiones tan arriesgadas si el independentismo no está dispuesto a reconocer errores y a dejar claro que no se saldrá de la legalidad. ERC necesita la mesa de diálogo para ganar tiempo, para dejar atrás a Junts en sucesivas elecciones y para asentarse en el poder de la Generalitat y municipal, ocupando el eje central de la política y la sociedad catalanas. En la recámara sigue estando la posibilidad de lo que el independentismo llama un «nuevo embate» contra el Estado para forzar un referéndum de autodeterminación.

ERC sabe que no va a conseguir del presidente socialista una consulta legal de ningún tipo en la que una de las opciones que elegir sea la independencia. También resulta difícil que el PSOE acepte someter a votación cualquier cambio del estatus jurídico de Cataluña, aunque sea una mera modificación del Estatut, si no existe un mínimo consenso con ERC que haga que esta no pida el voto en contra. Eso, en opinión de los socialistas, abriría de nuevo una crisis territorial. Así que en la Moncloa aspiran más bien a que en algún momento cambie la correlación de fuerzas en Cataluña que favorezca, por ejemplo, un

Gobierno entre ERC y el PSC que pudiera encauzar una colaboración más fructífera.

Por la manera de actuar de Sánchez se puede deducir que su actitud en relación con el conflicto catalán varía en función de la coyuntura, adaptándose de forma camaleónica a cada circunstancia. El presidente ha demostrado que en algunos momentos puede arriesgar cuando todos a su alrededor le recomiendan que no lo haga, sobre todo si cree que merece la pena apostar por el posible beneficio, pero también es cierto que, a medida que van transcurriendo sus meses en la Moncloa, se torna más prudente. Desde luego, ya no se expresa con el arrojo que demostraba cuando Rajoy gobernaba y él criticaba su escasa iniciativa política en relación con Cataluña defendiendo con fuerza una reforma constitucional: «Si España reformara su Constitución, sería el primer país europeo que lo haría en el siglo XXI para adaptarla a Europa y daríamos un ejemplo de impulso y de convicción en los valores europeos». Unos años después, Sánchez considera tan inviable plantearse tamaña empresa que ni siquiera osa expresarla como un deseo para el futuro. Tampoco habla ya de una España plurinacional.

Lo que resulta indiscutible de su paso por el poder es que Sánchez ha logrado la desinflamación social que tanto pregonó al llegar a la presidencia. Cuando se escriben estas líneas, pasado un año después de la concesión de los indultos, los disturbios han desaparecido de las calles. Incluso se han esfumado la mayor parte de lazos amarillos y pancartas reivindicativas. Para muchos, los indultos han sido el estadio final de la aventura del 2017. Para otros, debería ser el inicio de una nueva etapa que afrontara el fondo del conflicto. Sánchez, en su *Manual de resistencia*, asegura que cree más en «la convivencia de Azaña que en la conllevancia de Ortega». De momento, ha conseguido apenas lo segundo. Algo que para unos será manifiestamente insuficiente y, a otros, echando la vista atrás, a 2017, les parecerá que no es poco.

Lo que es seguro es que el conflicto catalán perseguirá a Sánchez hasta el final de sus días como inquilino de la Moncloa y, probablemente, también a quien le sustituya al frente del Gobierno.

Epílogo

UN RETO PARA FUTUROS LÍDERES

El momento de la Transición en España resuelve cuestiones pendientes esenciales como la misma articulación de un sistema democrático. Pero ya desde ese instante aflora el encaje territorial como uno de los aspectos más difíciles de acordar, incluso más que algunos que pueden parecer muy controvertidos y susceptibles de mayor carga emocional, como la jefatura del Estado. En ese punto crítico de la historia se acuerdan componendas, como la distinción entre *nacionalidades* y *regiones*, que salvan la papeleta, pero que dejan abierto a múltiples interpretaciones un modelo descentralizado en lo administrativo, pero confuso en el reparto de competencias políticas; y que, sobre todo, no ha logrado satisfacer las aspiraciones de una parte nada desdeñable de los ciudadanos de algunos territorios. Cuando se producen situaciones de estrés, sea por crisis económicas o por deficiente funcionamiento de las instituciones democráticas, esa carencia original aflora y el problema territorial resurge con toda su crudeza. Para que en algún momento se aborde en serio la tarea que quedó de alguna forma inconclusa sería necesario que los dos grandes partidos españoles, el PP y el PSOE, decidieran que les conviene afrontarlo, algo que no se avista en el horizonte.

El PP abrazó tarde el Estado autonómico, pero cuando lo hizo no dudó en exprimirlo. Tanto ha interiorizado esa formación el poder territorial, que sus presidentes regionales constituyen ya una fuerza a la que el partido, pese a su tradicional funcionamiento centralista desde la calle Génova de Madrid, ya no puede sustraerse. Y buena prueba de ello es la maniobra que acabó con el liderazgo de Pablo Casado, auspiciada por barones territoriales.

El propio José María Aznar culminó el proceso de grandes transferencias, entre ellas las sanitarias, a las comunidades. La estrategia del expresidente fue armonizar el modelo por la vía de conceder a todas lo que al principio solo exigían aquellas que se consideraban singulares. Una manera de aguar aquel «café para todos» del que tanto se quejaba Jordi Pujol. Si Felipe González trató de convencer a Pujol de que entrara en el Ejecutivo, Aznar lo volvió a intentar con la idea de zanjar de una vez por todas el dolor de cabeza catalán. Pujol vio con claridad una maniobra envolvente y se negó.

Desde la misma Transición, el PP suele llegar tarde a muchos de los debates que tienen la organización territorial como eje. Sucede con este asunto como con otros de calado ideológico, por ejemplo, como cuando el Ejecutivo popular recurrió el matrimonio homosexual aprobado por Zapatero ante el Constitucional para después preferir que ese tribunal no se pronunciase al respecto en mucho tiempo (lo hizo en 2012, siete años después del recurso, en contra de las tesis populares). En ese tiempo, los conservadores, a su paso por el Gobierno, no movieron un dedo para cambiar una coma de la norma. Con la ley del aborto, el PP pidió modificar la ley de plazos de 2010 para regresar a la de supuestos de 1985 (que Coalición Popular recurrió en su día) y el Constitucional lleva doce años sin resolver. En ese tiempo, ningún Ejecutivo popular ha cambiado la ley del aborto. En el caso de Cataluña, los populares recurrieron el nuevo Estatut al Constitucional y durante el mandato de Rajoy no fueron pocos sus colaboradores que hubieran preferido no haberlo hecho. Pero el PP no es una masa homogénea a la hora de abordar la cuestión territorial y si su partido ha sufrido una escisión por el flanco de la ultraderecha ha sido en buena parte por este motivo.

La irrupción de Vox en las instituciones se produce en las elecciones andaluzas del 2018, siguiendo la larga estela de los sucesos de otoño del 2017 en Cataluña. Y después crecería en toda España. Es cierto que en su auge influyen temores que la sociedad española comparte con las de otros países, como los recelos ante los efectos de la globalización o del feminismo, entre otros. En Andalucía, por ejemplo, Vox se aprovecha de los sentimientos de explotación y humillación que muchos habitantes de esa tierra arrastran desde la época de la emigración hacia otras zonas de España, como Cataluña. En cada momento y en cada lugar, la ultraderecha saca partido de inquietudes, recelos y malestares de la sociedad. Por eso mismo no podemos obviar el intrincado vínculo entre el surgimiento de Vox y el conflicto catalán, ya que refleja que la relación con Cataluña es una cuestión que levanta pasiones fácilmente manipulables en toda España.

El origen de Vox se remonta a julio de 2012, promovido por un colectivo de militantes del PP entre quienes se encuentra Alejo Vidal-Quadras, que lideró en su día a los populares en Cataluña con un nada desdeñable resultado electoral y un acerado discurso anticatalanista en el Parlament. Vidal-Quadras era, por cierto, enemigo acérrimo de Fernández Díaz, a quien consideraba un «criptoconvergente», y fue apartado sin ningún miramiento de la dirección del PP catalán para colocar a Alberto Fernández Díaz cuando a José María Aznar le convino aliarse con Pujol para obtener los votos de CiU que le llevarían a la Moncloa. De ahí que se considere víctima de la complacencia del PP con el nacionalismo catalán.

Vox se impulsa cuando empieza a adquirir músculo el movimiento independentista en Cataluña. Se registra como partido en diciembre de 2013, en pleno *procés*. Vidal-Quadras se da de baja del PP en enero de 2014 y se queda solo a mil quinientos votos de conseguir un escaño para la ultraderecha en el Parlamento Europeo en las elecciones de mayo de ese mismo año. Es decir, el crecimiento de Vox surfea sobre la ola del proceso independentista. Por aquel entonces, ya era moneda común escuchar aquello de «la derechita cobarde» refiriéndose al PP por parte de sectores que habían sido afines al partido y que iban reorientando sus preferencias hacia Vox. Todo eso lo fue viendo Rajoy mientras fue presidente, junto con las críticas veladas e indirectas de Aznar a su excesiva moderación y escaso pedigrí ideológico. Era, por tanto, consciente de esa fuga por el flanco derecho, que inquietaba a amplios sectores de su partido, empezando por su secretaria general, María Dolores de Cospedal. Y ese es también un factor que influye en su comportamiento, si bien en esos años el hecho de ocupar el poder actuara como bálsamo contra las críticas internas y como eficaz pegamento para el partido.

Mientras el PP abraza el Estado de las autonomías, Vox lo impugna. Aprovecha el malestar de una parte de los votantes populares con ese modelo para promover el centralismo sin ambages y la desaparición de las estructuras administrativas y políticas de las comunidades, a las que asocia con «chiringuitos», por más que el discurso vaya por un lado y después, en la práctica, ese partido haya tratado de hacerse con el mayor poder autonómico posible. En esa actitud se evidencia la relación compleja e incluso a veces contradictoria de la derecha con el modelo territorial vigente. El PP ha ido asumiendo que la mayoría de los españoles son partidarios de la organización en comunidades autónomas. De hecho, los ciudadanos perciben esa Administración como más cercana que la central y la valoran mejor en muchísimos aspectos. La demostración más evidente se produjo durante la pandemia, cuando las encuestas reflejaron una opinión pública más identificada con la actuación de sus gobernantes regionales que con el Gobierno del conjunto del Estado, fuera al inicio, cuando este tomaba las decisiones fundamentales, o al final, cuando se delegaron a los diferentes territorios. Pero, para el PP, se trata de favorecer una organización en autonomías tendente a la uniformización.

El sentir que el proceso independentista catalán produjo en muchos dirigentes del PP se resume en una viñeta publicada en el diario *El Mundo* y que uno de esos políticos que tuvieron que lidiar con aquellos acontecimientos desde el Gobierno recuerda con nitidez: en ella se veía a un cachorro de dragón acosando, casi jugando, a Felipe González; después, otro más grande empujaba a Aznar; uno mayor, a Zapatero y, finalmente, un enorme dragón desplazaba sin problemas a Rajoy hacia un precipicio. En definitiva, el PP ve Cataluña atenazada por un nacionalismo insaciable, al que no es posible satisfacer por más diálogo que se intente practicar con él. Sin atender a que la identidad es inherente a la condición humana y que, en todo caso, inflamaciones identitarias no solo han surgido en Cataluña, y la existencia de Vox es un buen ejemplo. En todo caso, tanto Rajoy como sus colaboradores más estrechos se sienten orgullosos de haber aguantado el envite del independentismo sin haber cedido a «las vísceras», mientras que otros sectores del partido les reprochan precisamente que no hayan sido más contundentes.

En el campo socialista, las contradicciones tampoco son menores. En el seno del PSOE conviven posiciones centralistas junto a la defensa de la plurinacionalidad. Pero también este partido ha sucumbido ante el discurso simple de que se ha sido demasiado condescendiente con las exigencias nacionalistas durante mucho tiempo y que eso es lo que nos ha llevado hasta aquí. Es una tesis que se ha ganado a la inmensa mayoría de la opinión pública española. Hay quien defiende que el motivo reside en la práctica pujolista del *peix al cove*, que significaba negociar concesiones a cambio del voto a favor de los sucesivos Gobiernos en minoría en el Congreso. Pero no se entiende por qué en el caso de algunos territorios muchos españoles ven esa negociación como un privilegio, como en Cataluña, y no en otros, como pudiera ser, por ejemplo, Canarias, cuando se han logrado mediante el mismo método. Incluso en el caso del PNV no ha provocado un rechazo tan acusado como en el catalán, pese a que los réditos han sido mayores. Aunque es cierto que formaciones como Convergència, ERC o el PNV utilizan su fuerza electoral en el Congreso para barrer para casa, habría que preguntarse hasta qué punto fuerzas como el PP o el PSOE garantizan un equilibrio territorial basado en el interés general, como si esas dos grandes siglas no cuidaran también determinadas zonas en función de sus conveniencias electorales. La política es un juego de equilibrios y ninguna fórmula pura resulta perfecta.

La llegada al poder de Sánchez de la mano de UP, con un fuerte componente periférico detrás, y del apoyo de una miríada de fuerzas nacionalistas e independentistas, podía haber favorecido, sobre el papel, un giro en la narrativa territorial en España, pero el presidente no ha sido capaz de sustraerse a los tópicos que vienen atenazando el modelo de Estado desde casi su instauración. Se ha acabado imponiendo aquella definición de Rubalcaba del «Gobierno Frankenstein». Cada vez que el presidente necesita los votos de ERC, del PNV o de Bildu parece que tenga que conseguirlos a escondidas, como si alguien le estuviera hurtando algo a España. Además, las concesiones que se negocian solo las rentabilizan esos partidos y no el PSOE, que teme sacar pecho de sus actos, no vaya a ser que al presidente se le considere un «vendepatrias». De esta forma, los socialistas sucumben al discurso de la derecha, que denuncia un mercadeo para privilegiar a algunos a cambio de continuar sentado en el trono de la Moncloa, incluso al precio de «romper España». En cambio, si el PP gobierna en alguna comunidad con Vox y cede a algunas de sus condiciones para mantenerse en el poder, recibe críticas por parte de la izquierda, pero no surge una enmienda a la totalidad, ya que se considera que el bien superior, la unidad de la patria, no está en peligro, aunque se arriesgue el respeto a los valores democráticos.

Mientras, la expresión política de las diferencias territoriales en España ha ido cambiando en los últimos años sin que el traje institucional se haya amoldado ni un ápice a sus nuevas hechuras. Así se vienen produciendo dos fenómenos que aún evidencian más las dificultades para articular una relación territorial colaborativa en España. Por un lado, el auge de las baronías con un discurso cada vez más identitario. Y, por otro, la proliferación de partidos, no ya regionales, sino provinciales e incluso locales, que alcanzan representación en el Congreso.

La mayoría de los presidentes autonómicos, sean del PP o del PSOE, han acentuado las señas de identidad de sus territorios como una forma de revestir su poder de mayor legitimidad y de conectar más íntimamente con sus ciudadanos, traspasando así las fronteras de sus propias siglas. Andalucía es un claro ejemplo. La socialista Susana Díaz o el popular Juan Manuel Moreno Bonilla practican una suerte de andalucismo muy similar, fomentando el relato del culto a una manera de vivir y de ver la realidad propia. No es que no existan esas particularidades. Es obvio que sí. Pero ahora la política las subraya para lanzar un mensaje de autoestima y de identificación. Tan importante es ese relato que Vox embarrancó cuando trató de improvisarlo de mala manera en la campaña electoral de 2022 en Andalucía, con Macarena Olona como candidata que cayó en el error de protagonizar algunos tópicos sobre la mujer andaluza y, de tan artificial y exagerada, la operación resultó un fiasco.

Esa construcción de una identificación con una forma de ser y de vivir pretendidamente singular ha alcanzado cotas curiosas de la mano de la presidenta de la Comunidad de Madrid, Isabel Díaz Ayuso, del PP. A partir de características supuestamente muy definitorias del carácter madrileño, como el talante extrovertido o la costumbre de ir de tomar cañas por las terrazas de la capital y, aprovechando las ansias de recuperar el espacio público frente a las restricciones de la pandemia, Ayuso definió nada menos que un marco político de defensa de la libertad que ella consideraba atacada por el Gobierno «socialcomunista» de Pedro Sánchez. Algunos líderes autonómicos han ido adoptando discursos que nada tienen que envidiar a los del nacionalismo catalán o vasco, incluida una irreprimible tendencia al victimismo.

Por otro lado, como hemos dicho, ya no son solo los nacionalistas catalanes, vascos o canarios los que condicionan con su voto a los Gobiernos. En diferentes autonomías han ido surgiendo fuerzas políticas regionalistas que también han obtenido representación, como en Cantabria o Navarra. A la izquierda del PSOE, además, ya no existe aquella Izquierda Unida que aglutinaba ese espacio en casi toda España, sino un conglomerado de propuestas con fuerte implantación periférica, como los comunes en Cataluña o Compromís en la Comunidad Valenciana. Y, por si fuera poco, diversos territorios que se sienten abandonados por el poder central e incluso por el de su propia comunidad, han articulado plataformas electorales que han entrado en el Congreso para defender los intereses de quienes las han votado, como es el caso, por poner otro ejemplo, de Teruel Existe.

Es probable que la articulación de esa representatividad sea más propia del Senado si de verdad funcionara como Cámara territorial. También es cierto que este tipo de pequeños partidos que son capaces de condicionar importantes leyes provocan suspicacias entre quienes consideran que no se puede someter el interés general al particular de una determinada zona. Pero, como decíamos, quién puede estar seguro de que ese interés general no se puede defender desde Teruel o desde Cantabria de igual forma que lo hacen partidos que ven la realidad del país desde el centro. Otra cuestión es que las contrapartidas que demanden unos y otros para dar su apoyo al Gobierno de turno provoquen un verdadero desequilibrio de recursos, algo sobre lo que a buen seguro no sería capaz de ponerse de acuerdo nadie en este país.

La irrupción de esas nuevas formaciones afectará a la correlación de fuerzas en el Congreso y a la estabilidad de los futuros gobiernos. Pero ninguno de estos fenómenos posee un poder tan perturbador como el del independentismo catalán. Que exista al menos un tercio —en algunos momentos la mitad de la población— en ese territorio que desee la separación de España no es una cuestión a la que un Estado pueda dar la espalda, por más que la actitud de los líderes del PP y del PSOE cuando alcanzan la Moncloa sea siempre que el dolor de cabeza catalán ya se irá sobrellevando con analgésicos de vez en cuando o como buenamente se pueda. Hasta ahora, los dos grandes partidos han utilizado este conflicto como munición para sus propias batallas de poder, bien sea para competir entre ellos o internamente.

Los acontecimientos de 2017 fueron también reveladores para el independentismo. No solo porque demostraron que alcanzar la secesión por la mera voluntad de sus líderes no era posible, sino porque afloró por primera vez de forma muy evidente la reacción contraria de la otra parte de la sociedad catalana. Los políticos independentistas tratan de recuperarse de aquella tremenda sacudida y de sus consecuencias. Las contradicciones entre los diferentes actores han acabado por provocar una profunda división en su seno, restando fuerza a sus reivindicaciones e impidiendo una línea de actuación común.

Al independentismo también le sigue costando desprenderse de algunas construcciones idealizadas sobre un objetivo que aseguraron tener al alcance de la mano en cuestión de meses y que se refleja sobre todo en la utilización de un discurso que da por supuesto que se está avanzando hacia una república catalana independiente cuando lo que se está haciendo es gestionar la autonomía. Algunos de sus dirigentes siguen aferrados a un exceso de gesticulación poco realista. Todo ello les ha pasado factura en las urnas, ya que en las elecciones de febrero de 2021 los partidos independentistas perdieron unos setecientos mil votos, aunque mantuvieran el poder en la Generalitat. A buen seguro que esos electores no dejaron de abrazar la idea de una Cataluña independiente, pero castigaron las peleas de sus líderes y sus mentiras quedándose en casa.

Buena parte de la clase política que abordó la crisis de 2017 ya no sigue al frente. La Moncloa pasó del PP a estar en manos de los socialistas y de una fuerza política, Unidas Podemos, que defiende la plurinacionalidad del Estado, aunque no sitúa esta aspiración como una prioridad. También ha desaparecido del mapa político un personaje que creció al calor de la cuestión catalana como es Albert Rivera. Y en Cataluña, el que fue el gran partido que aglutinaba a las clases medias, Convergència, se ha convertido en una formación internamente convulsa, poco cohesionada y bastante más radical en sus planteamientos políticos, justo lo contrario de lo que era, mientras que ERC, la antaño imprevisible y errática formación republicana, pretende ahora ocupar el espacio central.

Si fracasa la mesa de diálogo, el sentimiento de frustración afectará a toda la sociedad catalana. Pero visto desde la perspectiva de los partidos con posibilidad de gobernar desde la

Moncloa, lo más urgente para abordar el sentimiento de desapego en Cataluña hacia las instituciones españolas debería ser cambiar lo que no funciona, justamente porque el independentismo rentabiliza de forma muy clara el discurso de que este es un Estado burdo, sin pulir, irreformable. Las noticias sobre la corrupción del rey Juan Carlos, la policía patriótica o el espionaje a políticos independentistas contribuyen a alimentar ese sentimiento sin necesidad de aludir directamente a la secesión. El primer Gobierno de coalición progresista que preside Sánchez no parece dispuesto a dar saltos importantes en esa línea, pese a haber acometido una intensa agenda legislativa en numerosos campos. Tampoco el Partido Popular. Pero el independentismo no va a desaparecer en Cataluña y es muy probable que resurja en el futuro con fuerza para recordarle a quien esté en la Moncloa que el conflicto sigue sin hallar un cauce por el que discurrir sin desbordarse.

Por último, una somera referencia a la profesión periodística, a la dificultad para explicar de una manera lo más honesta y menos sectaria posible lo que ocurre en Cataluña para el resto de España, en especial desde las terminales mediáticas de Madrid. Durante los años del procés se produjo un doble fenómeno. Por un lado, esos medios apenas prestaron interés al movimiento que se estaba incubando en Cataluña hasta que este se desbordó, ya bien entrado 2017. Y, cuando lo hicieron, simplemente lo explicaron como un suceso sin ahondar en el contexto, protagonizado por dirigentes poco menos que desquiciados que arrastraron a gran parte de una sociedad que se dejó abducir. Reprodujeron en buena parte las consignas del PP y PSOE con escaso ánimo crítico, incluso en algunos casos participaron de la divulgación de noticias falsas. Mientras, en el hábitat mediático de Cataluña, se ha instalado también la visión de que casi todo lo que se decide desde el poder político central tiene un trasfondo de incomprensión buscada e incluso de inquina. El periodismo ha participado del activismo político, dejándose arrastrar por las afinidades personales y se ha sucumbido con demasiada facilidad al lenguaje fabricado por los independentistas para construir marcos mentales de una Cataluña ya desligada del resto de España.

Son dos burbujas mediáticas a veces casi impenetrables. Hay ocasiones en que los asuntos de los que se habla y escribe con profusión en los medios catalanes y en los que emanan de Madrid reflejan dos mundos distintos y distantes. Y, como es conocido, los medios de comunicación no solo contribuyen a forjar una opinión pública diciéndonos lo que debemos opinar, sino también sobre qué tenemos que opinar, qué es lo que debe preocuparnos. Esa impermeabilidad que se revela en los medios, pero que procede de la incapacidad política para salvar distancias entre las instituciones catalanas y las de toda España, constituyen los ladrillos de un muro que cada día es más alto. Los tres últimos líderes que han tenido en sus manos las riendas del Estado no han sido capaces de derribar esa pared invisible de incomprensión mutua erigida durante años. ¿Vendrán otros capaces de abrir alguna brecha?

ÍNDICE ONOMÁSTICO

Ábalos Meco, José Luis, 27, 204
Adrià, Ferran, 51
Aguirre de la Peña, Joaquín, 209
Alavedra, Macià, 51
Alay Rodríguez, Josep Lluís, 209-210, 212
Alonso Suárez, José Antonio (Toño), 28-29
Álvarez de Toledo, Cayetana, 57, 171
Álvarez, Victoria, 59
Aragonès i Garcia, Pere, 163, 179, 192, 195, 203-204, 212
Arenas, Javier, 56
Argullol, Rafael, 7
Arrimadas, Inés, 99, 188
Artadi, Elsa, 92, 163, 212
Azaña, Manuel, 216
Aznar, José María, 23-24, 32, 50-51, 56-57, 102, 220-222

Baena, Daniel, 122
Bal, Edmundo, 122, 165
Balaguer, María Luisa, 137
Balmón, Antonio, 146, 190
Báñez García, María Fátima, 67
Bárcenas, Luis, 69
Barroso, Celestino, 63
Bassa, Dolors, 125-126, 201, 203
Batet, Albert, 212
Batet, Meritxell, 147-148
Baylina, Jordi, 212
Bendodo, Elías, 104
Berdugo, Juan Ramón, 119
Bermúdez De Castro, Roberto, 163
Blanco, Miguel Ángel, 171
Bolaños, Félix, 178, 188, 197, 199-200
Bono, José, 14, 36, 70, 152
Bonvehí, David, 212
Borges, Jorge Luis, 22, 27
Borràs, Meritxell, 126
Bosch, Jordi, 212
Botella, Ana, 56
Boye, Gonzalo, 212
Buch, Miquel, 130, 173

Cadena, Fidel, 113
Calvo, Carmen, 133, 148, 163, 169-170, 172, 174, 184, 195, 197, 204

Cambó, Francesc, 57
Campo, Elies, 207-208
Campo, Juan Carlos, 118, 133, 184, 193, 197, 205
Campuzano, Carles, 159
Cardús, Pere, 168
Carlin, John, 189
Carod-Rovira, Josep Lluís, 33-34
Carretero, Anselmo, 29
Casado, Pablo, 14, 101-103, 118, 165, 171, 220
Castells, Antoni, 40
Catalá Polo, Rafael, 108, 112, 118, 156
Chacón, Carme, 145, 147-148, 150, 152
Comín, Antoni (Toni), 211
Companys, Lluís, 33 ,129
Conde-Pumpido, Cándido, 117,
Corcuera, José Luis, 59
Cosidó, Ignacio, 65, 118
Cospedal, María Dolores de, 56, 60, 65, 69-71, 75-76, 79, 82, 102, 222,
Cotino, Juan, 64
Cuixart, Jordi, 120, 126, 129, 137, 202-203

Dastis, Alfonso, 82, 83
Dedéu, Bernat, 120
Delgado, Lola, 110-111, 118, 128
Díaz, Susana, 149-152, 165, 225
Díaz Ayuso, Isabel, 118, 185-186, 193, 226
Díez, Rosa, 152
Díez Sevillano, Bonifacio, 58
Duran i Lleida, Josep Antoni, 50-51, 60

Escrich, Pau, 112
Espinosa, Gema, 107

Farage, Nigel, 87
Faus, Javier, 195
Felipe VI, 68, 75-76, 81-82, 90, 94, 114, 126, 128-129, 139, 156, 162
Fernández de la Vega, María Teresa, 108
Fernández, Matilde, 152
Fernández Díaz, Alberto, 221
Fernández Díaz, Jorge, 51, 58, 60-62, 64-66, 221
Fernández-Palacios, Miguel, 88
Ferrer, Ana, 219
Forcadell, Carme, 126, 200-201, 203
Forn, Joaquim, 126, 201, 203
Franco, Francisco, 106, 127
Fuentes Gago, José Angel, 58

García, Iratxe, 87
García Albiol, Xavier, 75, 79
García Álvarez, Manuel, 29
García Castaño, Enrique, 58
García Egea, Teodoro, 103
García-Margallo, José Manuel, 82, 102
Garriga, Natàlia, 214
Garzón, Baltasar, 110-112, 116, 201-202
Gentili, Pablo, 178
Giró, Jaume, 60
González Pons, Esteban, 86-88
González, Felipe, 23, 145, 153, 169, 196, 214, 220
Grande-Marlaska, Fernando, 112, 117-118, 133, 176
Guerra, Alfonso, 35, 151

Homs, Francesc (Quico), 121, 201

Iceta, Miquel, 34, 144, 147-148, 151-156, 168, 190, 205
Iglesias, Pablo, 22, 27, 30, 136, 150, 159, 172, 178, 193
Illa, Salvador, 174, 179, 185, 192

Jáuregui, Ramón, 87, 148
Jiménez Losantos, Federico, 55, 122
Jové, Josep Maria, 179, 197, 214
Juan Carlos I, 71, 74, 149, 186
Juncker, Jean-Claude, 88-89, 91
Junqueras, Oriol, 50, 63, 68, 71-72, 82, 116, 125, 131, 135, 137-138, 154, 160, 163-164, 171, 178-179, 182, 189-191, 197-203, 214

Larsen, Corinna, 71
Lasa, José Antonio, 114
Lastra, Adriana, 172, 179
Lesmes, Carlos, 117-118, 126
Llach, Lluís, 108-109
Llarena, Pablo, 107, 138
López, Enrique, 118
López, Patxi, 151

Machado, Antonio, 127
Madí, David, 174, 201, 209
Madina, Eduardo, 150
Madrigal, Consuelo, 113, 122
Mandela, Nelson, 189
Maragall, Pasqual, 14, 28-37, 169
Marchena, Manuel, 105-126, 128-129, 133-136, 139-140, 184
Marchena, Sofía (hija), 107
Marey, Segundo, 114
Marías, Javier, 108
Martínez, Francisco, 64, 65
Martínez Arrieta, Andrés, 119, 123
Mas, Artur, 16, 50-55, 57-58, 60-61, 63-64, 66-68, 72-73, 78, 112, 119
Matamala, Joan, 112
Matas, Jaume, 50
Mauri, Marcel, 212
Maza, José Manuel, 112-113
Melero, Xavier, 121
Melville, Herman, 21
Méndez de Vigo, Íñigo, 87, 93, 97
Merkel, Angela, 80
Michel, Charles, 84
Milans del Bosch, Jaime, 124
Millán, Francisco, 82
Millo, Enric, 73, 79, 97
Miquel, Joan Pau, 63
Miquel i Gutiérrez, Sergi, 112
Molins, Joaquim, 51
Montilla, José, 34-38, 153, 169, 190
Montoro, Cristóbal, 67
Moragas, Jorge, 59, 83-84
Moral, Antonio del, 119
Moreno, Jaime, 113
Moreno Bonilla, Juan Manuel, 14, 70, 225
Mundó, Carles, 126
Murcia, Raül (Mutu), 154, 164

Nart, Javier, 87
Navarro, Pere, 38, 146-147, 153
Nieto, José Antonio, 77-79
Núñez Feijóo, Alberto, 14, 103-104

Olona, Macarena, 225-226
Ortega y Gasset, José, 57, 216

Paluzie, Elisenda, 212
Palomo, Andrés, 119
Pascal, Marta, 159
Passola, Isona, 27-28
Pastor, Ana, 53, 67
Perales, Alfonso, 147
Perea, Sofía (mujer de Marchena), 107-108
Pérez de los Cobos, Diego, 71, 76-77, 79
Pérez Galdós, Benito, 108
Pérez Rubalcaba, Alfredo, 36, 47-48, 53, 66, 71, 117, 145-147, 149-151, 224
Pettit, Philip Noel, 46
Pigem, Mercè, 117
Pina, Jordi, 120-121
Pino, Eugenio, 58, 61, 64, 66
Pinochet, Augusto, 22
Piqué, Josep, 57
Poveda, Antoni, 190
Prat de la Riba, Enric, 57
Proust, Marcel, 7
Puigdemont, Carles, 16, 28, 50, 68-69, 71-74, 83-85, 90-92, 94-96, 98, 138-139, 156-157, 159-164, 168, 178, 185-186, 195-198, 208-209, 211, 212, 214
Pujol, Jordi, 23-24, 32, 42, 51, 57, 59, 61-63, 169, 179, 190, 220-221
Pujol Ferrusola, Jordi, 59, 61
Pujol, Oriol, 61, 201

Queralt, Joan, 120

Rajoy, Mariano, 16, 21-22, 24, 26, 40, 44, 49-60, 62-63, 65-71, 73-79, 81-87, 89-90, 92-98, 100-103, 113, 117, 145, 149, 151, 156-160, 216, 222-223
Ramírez, Pedro J., 62
Redondo, Iván, 164, 168, 178, 188, 204
Riera, Carles, 212
Rius-Camps, Josep, 164
Rivera, Albert, 37, 96, 99-100, 158-159, 171-172, 176-177, 228
Robles, Margarita, 118
Rodríguez Galindo, Enrique, 114
Rodríguez Ibarra, Juan Carlos, 14, 36
Rodríguez Zapatero, José Luis, 14, 22-24, 27-36, 39-48, 71, 117, 149, 151-152, 169, 182, 186, 220
Roig, Marina, 120
Romeva, Raül, 125, 203
Rosa, Javier de la, 61
Rovira, Marta, 179, 182, 185, 195, 203
Rufián, Gabriel, 188
Ruiz, Carles, 153-154, 190
Rull, Josep, 120, 126, 203

Sáenz de Santamaría, Soraya, 65, 67, 69-75, 77, 79, 94-97, 101-102, 156
Sáez, Ramón, 137
Sainz Borgo, Karina, 108
Saiz, Alberto, 70
Salellas, Benet, 120
Salvadó, Josep Lluís, 214
Sànchez, Jordi, 120, 126, 129, 137, 171, 199, 203, 212

Sánchez, Pedro, 17, 22-23, 30, 44, 47, 48, 86, 96, 110, 112, 118, 128, 133-135, 143-145, 149-174, 176-181, 183-188, 190, 192-197, 201, 204-208, 210, 216-217, 224, 226, 229
Sánchez-Camacho, Alicia, 57, 59-60
Sánchez Llibre, Josep, 189
Sanz Roldán, Félix, 70-71, 74
Schulz, Martin, 85
Segarra, Joan, 121
Segarra, María José, 110-111
Selmayr, Martin, 88-89
Serret, Meritxell, 214-215
Silva, Elpidio José, 107
Soler, Oriol, 209
Solsona, Marc, 212

Tajani, Antonio, 86
Tarradellas, Josep, 33, 169
Tejero, Antonio, 114, 124
Terradellas, Víctor, 92, 209
Timmermans, Frans, 88-89
Toledo, Jorge, 86, 88
Torra, Joaquim (Quim), 97, 130, 132, 159, 161-164, 166-170, 173, 179, 185-188, 190, 197
Torrent, Roger, 164, 207, 214
Torres-Dulce, Eduardo, 112
Trias, Xavier, 64
Trillo, Federico, 165
Trump, Donald, 83-84
Turull, Jordi, 120, 125-126, 203
Tusk, Donald, 91

Unamuno, Miguel de, 127
Urkullu, Iñigo, 125
Urtasun, Ernest, 87

Valenciano, Elena, 146
Varela, Luciano, 115-116, 119, 125, 127
Vargas Llosa, Mario, 108
Vendrell, Xavier, 174, 212
Verhofstadt, Guy, 84, 87
Vidal-Quadras, Aleix, 57, 221-222
Vila, Santi, 113, 121, 126
Villarejo, José Manuel, 17, 58-66, 71, 111
Vinyals, Xavier, 209
Vives, Xavier, 112

Weber, Manfred, 86

Xiol, Juan Antonio, 137
Xuclà, Jordi, 159

Zabala, José Ignacio, 114
Zaplana, Eduardo, 50
Zaragoza, Javier, 107, 111, 113-114, 122, 139
Zaragoza, José, 34
Zoido, Juan Ignacio, 70, 75-76